나는 본다,
사진이 나를 자유케 하는 것들

나는 본다,
사진이 나를 자유케 하는 것들

사진으로 걷는 인문

이광수 지음

알렙

들어가는 글

벗어나 혼자 동떨어져 살고 싶은 것은 그리움이다. 이룰 수 없는 그리움이니, 욕欲이라 할 수 있겠다. 그 그리움이 이룰 수 없는 것이 됨은 누구라도 그러하듯, 이 척박한 땅에 내린 뿌리로부터 벗어나 살 수 없기 때문이다. 그런데, 뿌리는 아래로 뻗지만, 몸은 위로 솟는다. 그 몸으로 세상을 취한다. 세상에 사는 인간의 욕망은 사그라질 수 없으니, 그 욕망을 피하려 하지 않는다. 내가 필사적이다시피 카메라를 메고 인도로 향한 이유가 여기에 있다. 그냥 번잡한 이 나라의 도시로부터, 아귀투성이의 이 나라 정치로부터 피하고자 함은 아니다. 인도 세계에 가면, 보지 못했던 것들, 잊힌 것들, 익숙하지 않은 것들을 만난다. 그곳에서 거기 어떤 신성함이 드러내준 존재들을 카메라라는 기계를 대동해 나의 몸뚱이 육안으로 보고 읽고 해석하다가 이내 자유케 되는 기쁨을 만끽해 간다. 이런 시간을 본격적으로 가진 지 10년째다.

카메라를 들이대면서 세계를 재단할 때, 어떤 두려움에서부터 그로 인해 강제적으로 만들어진 어떤 이미지를 보는 떨림, 그를 읽어내면서 떠오르는 생각, 이런 것들이 꼬리에 꼬리를 물면서 뒤엉킨다. 나는, 애써 어떤 한 느낌이나 생각에 머무르지 않기 위해 아무것도 기록하지도 일부러 기억하지도 않고 그냥 흘려보낸다. 그리고 일정한 시간이 흐르면, 그 대상들로부터 자유로워졌다고 생각되는 지점에서 그 만들어진 이미지 더미들을 끄집어내 읽고 해석한다. 그때, 그 이미지들은 원래 내가 처음 본 그 세계 존재와는 전혀 다른 새로운 느낌을 드러내주고, 생각은 파동 치면서 제멋대로 충돌한다. 그 안에서 나는 새로 생성된 모든 느낌과 생각들을 하나로 엮는다. 그리고 자판을 두드리면, 손가락은 이미 뇌가 있듯, 서로 상관없이 무심코 흐르듯 한 것들을 끈끈이 파리지옥에 달라붙인다. 파리는 달라붙어 말라 죽지만, 이미지들이 만들어낸 느낌과 생각들은 기억 속에서 집적되어, 다시 물 흐르듯 흐른다. 여기에서 나는, 인문의 희열을 맛본다. 그러니 그 긴 여정이 사진으로 긷는 인문이 되는 셈이다.

결국, 사람 사는 맛을 보러 악착같이 인도로 가는 것인지도 모른다. 젊었을 적, 1983년 어느 날, 카트만두 어느 높은 산에 올라가 만난 산인지 구름인지 모를 그 존재를 앞에 두고 종이에 끄적이다가 순간, 종이와 펜을 버렸는데, 그 자리를 카메라가 차지한 셈이다. 펜으로 적으면 감상이 즉흥적이고 과대해지는 게 싫어 펜을 버렸는데, 카메라는 일단 킵keep해 두는 게 좋아 항상 붙이고 다닌다. 과도한 낭만과 자극이 없고, 생각을 미루어두어 시간의 축과 함께 생성된 여러 가지 것들을 이내 섞기에 좋다. 나라는 이질적이고 복합적인 사람이 취하기에 딱 좋은 생각의 도구다. 몸뚱이 육안으로 보면 그냥 스쳐지나가 버리는 것들이 카메라로 잡으면 전혀 새삼스러운 것들이 되는 경우가 많아 좋다. 감히 세계 존재를 내 마음대로 포박해 버린 셈이다. 내 눈과 내 생각을 카메라라는 기계의 손을 빌려 세계 존재를 내 멋대로 잘라 포박시켜 버리는 것, 그 가학적 즐거움이라고나 할까. 나는, 그런 게 좋다.

　내가 접한 세계 안에 정해진 것이란 없다. 모든 것은 내가 보기 나름이고 내가 해석하기 나름이다. 그것이 자연이든 자연이란 이름으로 드러난 신의 본질이든, 나는 내 마음대로 보고 해석한다. 그것이 나의 봄의 이치인데, 힌두 세계에서 말하는 알현謁見의 이치와 비슷하다. 그는 드러내고, 나는 보는 이치. 그 안에서는 내가 보는 것이 우선이 아니고 그가 드러내주는 것이 우선인 이치다. 그래서 내 마음대로 보고 해석한다지만, 결국 그 자연이라는 존재에 대한 경외가 그 밑바탕에 깔린다. 나는, 그 경외 위에서 그렇게 대상을 접하고, 내 눈으로 잡아내 내가 해석하는 것을 인문을 긷는 것이라 말하는 것이다. 그런 인문을 긷는 것은 카메라로 할 때 가장 자유스럽다. 이를테면, 카메라가 나를 자유케 해주는 것이리라.

2019년 11월

이광수

목차

들어가는 글　　　　　　　　　　　　　　　　　　　　006

제1부　봄 안에 들어 있는 권력

치명적 저항과 전통 사이에서　　　　　　　　　　　016

사진을 하면서 내가 말하고 싶은 것들　　　　　　　021

나는 인간 간디를 찾았다　　　　　　　　　　　　　027

이미지가 세계를 뒤흔든다　　　　　　　　　　　　032

뒤바뀜의 법칙　　　　　　　　　　　　　　　　　　037

그들의 행복에 대고 나는, 무엇을 한 것일까?　　　　041

희생양　　　　　　　　　　　　　　　　　　　　　045

행복의 조건　　　　　　　　　　　　　　　　　　　050

세상을 바라보는 나의 위치 지우기　　　　　　　　055

세계는 되어가는 것들로 이루어지고 있다　　　　　061

그러한 듯한 세계, 카오스　　　　　　　　　　　　　066

사람 사는 세상, 짐승 사는 정글　　　　　　　　　　071

나는 사랑을 보았다　　　　　　　　　　　　　　　　076

욕(欲)의 불은 새로움의 원천이다　　　　　　　　　081

나는 내 이야기를 하고 싶다　　　　　　　　　　　086

제2부 봄 안에 자리 잡은 욕망

버린다, 바란다	094
봄의 이치	100
신들의 주사위 게임	105
붓다가 저 모습을 보면 허탈해할까?	110
세계가 환(幻)이 아닌 이유	115
죽은 자는 찰나의 멸을 알지 못한다	120
욕(欲)의 꿈을 추종하는 사람들, 불안하다	124
세상은 아름답고 잔인하다	130
이 장면은 매우 불교적이다	135
사진으로 치유한다는 것	140
불과 빛, 자연과 우연	145
나만의 스타일	150
근대인은 과학을 세우고 이야기를 버렸다	155
사두의 수행 방식	159
공간의 낯섦	165

제3부 '봄'과 '나' 사이, 사진

어중간한 이야기꾼의 슬픔	174
사진으로 긷는 인문	180
내 사진에 보편의 척은 없다	185
나는 과함의 경계에서 이야기를 찾는다	190
다른 것과의 인연	195
생경함과 클리셰	200
해석을 피할 수 없다	205
사진을 하면서 파괴자 니체를 읽다	210
우리는 우연의 의미를 해석하려고 애쓴다	215
문법은 우열을 정하고 평가하고 배제한다	220
삶에서 생성을 맛본다는 것	226
입체에서 평면으로, 사진이 만드는 공간	231
사건을 직면하기	236
일반화는 오류다	242
악의 속성	247

제1부

봄 안에 들어 있는 권력

· · · ·

· · · ·

· · · ·

· · · ·

    권력은 물질의 수단을 어느 한쪽 소수가 차지할 때 발생한다. 그리고 그 수단을 독차지한 소수는 다수로 하여금 자신들이 해석한 세계 안에 들어와 그 정한 가치에 열과 성을 다해 헌신하도록 만든다. 여러 가지 이름이 있겠지만, 모두 강제다. 그 안에서 달리 보는 것은 용납할 수 없는 것이 바로 권력이다. 그렇게 세계를 '봄'은 자연을 부정하고, 그것을 극복하여 질서라는 이름으로 세우는 전통과 문법이 된다. 그리고 그에 도전하고 저항하는 것은 질서의 파괴자로 규정하여 결코 용납하지 않는다. 그 저항의 시도는 전통과 문법의 틀에 따라 때로는 유치한 것으로, 때로는 위험한 짓으로, 때로는 미치광이로, 때로는 불경스러운 것으로 매도당하고 처벌당한다. 그리고 그 위에서 저항하는 위험한 자들로 하여금 전통과 문법의 틀 안으로 돌아오라고 끊임없이 가르친다. 그것이 도덕이고 그것이 종교다. 도덕과 종교는 회개하고 회심하는 자를 용서하고 품에 안는다. 그렇지만 그것을 부인하는 자는 영원히 사회로부터 격리시킨다. 그들이 달리 보지 말라는 것을 끝까지 부인할 때 말이다.

질서라는 권력자들이 설정한 세계는 서로 다른 '봄'이 공존하는 것을 용납하지 않는다. 그래서 그 세계 안에서 팩트는 존재하나 진실은 존재하지 않는다. 그 안에서 어떤 생각은 어떤 기준에 맞춰져 균질하게 되고 단순화되어 진리로 자리 잡는다. 그것이 종교다. 그 종교는 처음에는 진리를 찾아 구도하는 단순 발심에서 시작하지만, 이후로 조직과 돈을 갖추게 되면서 진정한 권력으로 군림하게 된다. 그리고 그 틀은 다양한 시간과 공간 속에서도 일방적으로 통용되는 이데올로기가 되어 널리 유통된다. 결국, 종교는 진실을 추구한다는 명목으로 군림하는 반(反)진실의 토대일 뿐이다. 그런데도 사람들은 그것을 알지 못한다. 진리 안에서 자유롭다는 신화에 싸여 있기 때문이다.

나는, 사진을 한다는 것은 이 '봄'과 권력이 만들어내는 메커니즘으로부터 벗어나는 것을 추구해야 한다고 믿는다. 사진이란 내가 세계를 내가 보는 바에 따라 해석하고 내가 원하는 바에 따라 전유하는 행위임을 잊지 않으려 한다. 마찬가지로 남도 그가 원하는 대로 보고 해석하고 전유할 수 있었으면 한다. 그래서 궁극적으로 내가 카메라로 보고 만들어내는 그 사진이라는 이미지로 우와 열을 가리지도 않고, 그것으로 물질을 구하지도 않으며, 남이 만든 그만의 '봄'과 그 결과물을 평가하지도 않으려 한다. 나 아닌 다른 이도 사진으로 줄 서고, 줄 세우고 하는 일에서 자유로웠으면 한다. 그것이 사진 안 대동세상일 것이다. 카메라를 들어 세계로 가까이 가볼 수 있고, 보이지 않는 것을 볼 수 있고, 보이는 것을 보이지 않게 할 수 있는 행위를 하는 것이야말로 디지털이라는 피할 수 없는 기계의 숲으로 덮인 이 시대에서 우리가 하는 또 하나의 인문의 행위이다..

치명적 저항과 전통 사이에서

인도, 웃따르 쁘라데시, 바라나시, 2009

> 사람들은 자신이 독립할 수 있고 명령할 수 있도록 예정되어 있는지 스스로 시험해 보아야 한다. 그런데 이것은 적당한 시기에 이루어져야 한다. 아마 그 시험이 사람들이 할 수 있는 놀이 가운데 가장 위험한 놀이일지라도, 그리고 결국 다른 심판관 앞에서가 아니라, 증인인 우리 자신 앞에서 행해지는 시험에 지나지 않을지라도 사람들은 자신의 시험을 회피해서는 안 된다.
>
> — 니체, 『선악의 저편』

2009년이니 본격적으로 사진을 찍기 시작한 지 1년 정도 지난 때다. 20년 넘게 공부해 온 인문학을 통해 얻은 여러 가지 사유들을 바탕으로 역사와 기록 그리고 종교와 철학의 세계를 자유롭게 오가던 시간이었다. 읽고 토론하면서 카메라와 씨름하던 그 시절, 잠도 못 자고 고민하던 시절이다. 소위 유명하다는 세계적인 사진가의 사진을 많이 보는 게 좋다고들 해서 그렇게 따랐다. 그러면서 오로지 머리에는 뭔가 남들하고 다른 사진, 내 주체적인 사진, 예술적 감각이 있는 사진, 메시지가 강한 사진을 찍으려는 욕망만 있었다. 이른바 작품 하나 남겨보자는 욕망이었다. 철저하게 잘못 배웠다.

그때는 남의 사진을 봐서는 아니 되었다. 무엇을 말하고 싶고, 어떻게 말해야 하는지에 대한 더 깊은 고민을 우선 했어야 했다. 유명과 성공에 기대서 사진의 물성을 볼 것이 아니라, 사진을 보면서 사유와 성찰의 길을 어떻게 갈 것인지를 고민했어야 했다. 왜 사진으로 기록을 하려 하는지, 왜 문학적 기록으로 남기려 하는지, 사진으로 추구하려 하는 것이 무엇인지를 우선 고민했어야 했다. 그리고 유명과 성공에 기대어 찍는 방법을 가르친 여러 지침들에게 철저하게 저항할 준비를 했어야 했다. 그것이 문법이든 규범이든, 어떤 종류의 전통에 저항하지 않은 채, 새로운 시도 없이 작품이라는 것이 나올 수 없음을 누구보다 잘 알고 있었지만, 새롭게 발을 디딘 사진계에서 나는, 그리 하지 못했다.

갠지스 강 바라나시를 오랜만에 갔다. 관광 상품이 된 힌두교 예배의 극단적일 정도로 자극적이고, 조야하고, 통속적인 모습에 충격을 먹고, 그것을 담으려 온갖 방식으로 카메라질을 했다. 남의 눈은 아랑곳하지 않고, 엎드리거나 오르거나, 걸치거나 하여, 평범하지 않은 독특한 이미지를 만들려 애를 썼다. 대상이 자극적이니 사진도 자극적이어야 한다는 생각으로 취한 방식이지만, 사실은 그것보다는 자극적인 프레임 워크가 좋은 사진인 줄 알고 한 어리석은 사진질이었다. 지금 와서 사진비평가의 눈으로 보니,

캠프camp에 가까운 사진이라 할 수 있겠다. 수잔 손탁이 규정하는 바, 무절제하고 괴이한 탐미주의 스타일로 보이는 그런 사진 말이다. 당시 차오르는 열정과 과감성까지 있었다는 사실을 보면, 사진으로 하는 캠프라고 해도 큰 무리는 아닐 듯하다.

사진이 기록이든 문학이든 예술이든, 아니 사진 아닌 삶이든, 그것이 무엇이든 간에, 겉으로 하는 새로운 시도는 멋으로 친다. 그러나 새로운 담론을 동원하여 기존의 전통에 어떤 치명적인 저항을 시도한다면 위험해질 수밖에 없다. 그렇게 하면 기존 세상을 파괴하려는 다이너마이트 속성을 갖기 때문에 권력에 의해 결국 파멸될 것이기 때문이다. 그 전통 권력은 일정한 전통과 문법을 만들어 그에 도전하면서 자신들이 쌓아놓은 문화와 전통을 파괴하고, 저항하는 것은 절대 용납하지 않는다. 그 시도는 유치한 것으로 치부되고, 위험한 짓이 되며, 환상에 빠졌기 때문이라고 공격한다. 그러니 새로운 시도가 권력이 만든 문법을 비웃는 건 손가락질당하고, 아웃사이더로 몰리는 것뿐만 아니라 스스로 제명을 재촉하는 것이 된다. 그러니 겉으로만 새롭게 놀도록 권고한다. 그것이 캠프까지는 허용하는 이 세계의 문법이다.

치명적 저항으로서의 새로운 시도는 캠프와는 다르다. 그 치명적 저항은 도덕과 문법으로 구조화된 기존 권력에 대한 도전이다. 그러니 당연히 패배란 이미 배태되어 있는 것이다. 문제는 그 패배 이후에 일어난다. 패배해 좌절하고, 일정한 시간이 지난 후, 그때 그 시도를 후회하게 되면 그 치명적 저항은 보통 치명적 배신으로 이어지곤 한다. 그는 자신의 젊은 혈기를 반성하고, 사과하고, '돌아온 탕아'가 되어 전통과 문법의 세계로 돌아온다. 그러면 전통과 문법의 권력은 그 탕아를 환영하고 용서하고 품에 안는다. 그리고 회개와 갱생의 신화를 만든다. 시간이 지나면서 그 시도는 젊었을 때 사서 하는 고생이라는 덕담으로 환치되고, 어리석은 혈기로 자리매김한다. 누구나 철이 안 들었을 때 한 번쯤 해볼 만한 인생의 양념으로 넘긴다. 승자의 '아량'은 시도하는 자의 '어리석음'을 낳는다. 지나간 시도를 후회하면서 자기 존재를 부정해야 살아남는다. 반성과 용서는 신화를 만들고, 그 안에서 시도라는 이름의 저항은 삶을 파멸시키는 존재가 되어 영원무궁토록 따라서는 안 될 귀감이 된다. 진리 안에서 자유를 찾아야지, 자유를 통해 진리를 찾는 것은 위험한 일로 치부되는 세상이다. 자유를 찾고자 하면 자신을 인도하는 목자의 보호 아래 그가 제공하는 푸른 초장 안에서만 누릴 일이다. 이것이 우리가 사는 이 세계의 무서운 철칙이다. '오직 성공', 인간세 비극의 근원이다.

사진을 하면서 내가 말하고 싶은 것들

인도, 라자스탄, 자이살메르, 2018

> 볼 수 있는 것의 깊은 비가시성이 보는 자의 비가시성과 관련되어 있다.
>
> — 미셸 푸코, 『말과 사물』

인도에서 유학하던 때, 나는 에드워드 사이드Edward Said를 처음 접하고 전율했다. 그리고 귀국하여 포스트식민에 이어 포스트모던을 접하던 1990년대 초 나의 세계관은 근대주의에서 포스트주의로 상당한 자리 이동을 하였다. 그런데 그 이동이 선을 긋고 월경하듯 이쪽과 저쪽이 분명한 것은 아니었다. 포스트모던이 이질적이고 복합적이고 중층적인 세계를 주장하지만 내가 보기에 세계 안에는 그러한 것들과 다른 포스트 이전의 모더니티도 분명히 존재하였다. 그러다 보니 이 말을 들으면 이 말이 맞고 저 말을 들으면 저 말이 맞았다. 세계를 보는 눈이 도대체 갈피를 잡지 못한 채 흘러왔다. 아니, 여전히 그 상태에 있다. 그렇게 혼돈 속에서 인문학을 한 세월이 30년이 훌쩍 지나버렸다. 부끄럽다.

세계란 그것을 좌지우지하며 만드는 위인이 존재하지 않고, 이야기란 지은 사람이 없으니 듣거나 퍼트리는 사람이 모두 지은이며, 주인공이란 우리가 익히 아는 꼭 그런 사람만인 것은 아니다. 앞과 뒤가 바뀌어도 얼마든지 새로운 것이 될 수도 있고, 안과 밖의 경계가 무너져 섞여 버린 것이 일상이 되어 버린 세상이다. 결과가 원인이 되고, 과거가 미래로 가고 오기를 반복하듯 한다. 현대인은 모두 천편일률적이라지만, 사실 각각은 모두 다르다. 그 안에 존재하는 차이란 보기에 따라 천양지차일 수도 있지만, 눈곱만 한 것일 수도 있다는 말이 된다. 결국 모든 것은 보는 것과 그것을 재현하는 것의 문제다. 뭔가 포스트모던한 것으로 판단되어 자세히 들여다보면 꼭 그러한 것만도 아니니, 그 안에 뭔가 모던한 어떤 것이 있는 것 또한 사실이다. TV 안에 TV가 있는데, 그 안에서 또 TV를 보는 게 또 TV 안에서의 일이다. 도대체가 모던인지 포스트모던인지, 세계를 판단하는 것에 종잡을 수가 없다. 매일의 일상이 그렇다.

10년 넘게 품고 있는 생각이다. 세계는 분명한 실체로 존재하는 것인가? 영원불변하고 항상성이 있는 어떤 실체를 갖는 본질이라는 것이 있는 것인가? 로고스라는 말씀이 있고, 이데아라는 이상이 있는 것인가? 더 현실적으로 말하자면 당신은 시공의 맥락이나 상황에 관계없이 절대적으로 옳고 그름이 있다고 보고, 그것을 분별할 수 있는가? 아니면, 매일 변해 가는 세계를 과연 덧없는 것, 아침 이슬과 같이 사라져 버리는 것이라고 치부하는가? 그러면 모든 문제가 해결되는 것인가? 거울에 들어 있는 빛에 의해 비친 상이 덧없는 것임을 알지만, 이미 그 덧없는 것이 새로운 본질을 생성해내는 이 무서운 현실을 언제까지 허탄한 이미지일 뿐인 것이니 무시해야 한다고 살 수 있는가? 스스로 목숨을 끊은 중2 학생이 죽어 묻어줄 때 핸드폰을 함께 묻어달라고 하는 그 핸드폰은 본질이 아니고, 어머니가 본질이라고 당신은 말할 수 있는가? 물에 빠트린 물독을 보면서 물독 속에 물이 있는 건지, 물속에 물독이 있는 건지를 당신은 분별할 수 있는가? 혹시 지금 여기 존재하는 것은 그때 어디선가에서 흘러 변화하여 이렇게 된 것은 아닐까? 그것이 목화토금수든, 지수화풍이든 뭐든지 고정되어 있는 것이 아니고 변화하고 또 변화하여 임시적인 어떤 실체로 있다가 다시 또 변화하여 알 수 없는 저 세계로 가는 것은 아닐까?

이런 세계를 사진으로 말하고 싶다. 사진을 본격적으로 시작한 이래 한 번도 버리지 않고 품고 있는 생각이다. 내 손으로 직접 개입하지 않은 채 대상이 제공하는 여러 요소들을 선택하여 그 이질적이고 명료하지 않은 세계를 말하고 싶다. 세계를 구성하는 각각의 대상이 따로 독립적으로 존재하지 않거나 못하는 것으로 말하고 싶다. 그것이 진리든 아니든 관계없다. 그것이 객관적이고 논리적인 사유든 그렇지 않든 관계없다. 나는, 적어도 어쩌다 한 번씩 드러난 그 독립적이지 못하고 명징하지 못한 그 세계와 그런 사람들을 말하고 싶을 뿐이다. 이를 위해 나는, 무엇을 재현하고, 그것을 어떻게 표현해야 할까?

사진을 표현하는 여러 방식 가운데 내가 가장 주요하게 생각하는 것은 빛이 만들어낸 흐름을 재현하는 것이다. 빛이 단절되어 장면이 선으로 끊어지지 않고, 그 사이에 어중간하고, 양다리를 걸치는 그림자 같은 것이 중층을 만들어내는 장면을 잡는 것이다. 라자스탄 사막에서 돌아온 후 나무 밑에 앉은 두 중년의 사내가 눈에 띈 건 필연이었다. 나는 사진 작업을 하는 동안에는 나무나 발코니 혹은 빨래 널어놓은 것을 보면 자동으로 그 주변에 만들어진 그림자와 그늘을 보곤 한다. 그 안에서 나는 바위 위에 고고하게 서 있는 낙락장송이 아닌, 가는 듯 서는 듯, 땅 속으로 들어갔다 다시 나왔다 하며 물같이 흐르는 장면들을 보려 한다. 사진에서 장면은 존재하는 것이 아니고 생성되기 때문이다.

사진은 말을 하지 않으므로 그런 사진을 보면 누구도 내가 말하고자 하는 바를 알아차리지 못한다. 그래서 연작으로 가는 것이다. 인상파가 잇달아 그려내는 그 빛과 점으로 만들어내는 그

연작의 세계 말이다. 내가 보는 게 작은 좁쌀일지라도 그것은 분명한 하나의 세계일 텐데, 그것을 어떻게 하나의 본질로 말할 수 있는가. 나는 그런 영원성, 항상성의 본질적 세계관을 따르지 않는다. 세계는 내가 내가 아니고, 네가 네가 아니면서 흘러간다. 물 흐르듯. 그 세계를 끊을 수 있는 건 없다. 규정할 수 있는 것도 없고. 속이려는 인간과 속는 인간들만 그렇게 하려 할 뿐.

나는 인간 간디를 찾았다

인도, 델리, 2018

> 진실은 한 사람의 소유물일 수 없고
> 이웃과 나누어야 하는 까닭에,
> 그것을 위해서는 글을 써야 한다.
> 글을 쓴다는 것은 '우상'에 도전하는 행위이다.
> ― 리영희, 『우상과 이성』

간디를 찾았다. 간디가 지상에서 마지막 발걸음을 뗀 곳. 무슬림 혐오자, 힌두 광신도의 총탄에 숨을 거둔 자리에 세운 박물관이다. 세계사에서 간디만큼 조심스럽게 비판의 대상이 되는 사람은 거의 없는 듯하다. 그래서 그렇겠지만, 간디만큼 신화로 덮여 있는 사람도 별로 없을 것이다. 마치 예수나 붓다가 역사적 인간으로서의 행적이 제자들에 의해 관심을 갖지 못해 기록으로 많이 남지 않은 것과 비슷하게 그의 인간적 모습을 다면적으로 평가하기를 꺼려한다. 한국 사람들같이 이 세상 그 누구도 도마에 올려놓으면 가차 없이 난도질을 해대는 극단적 평등주의 문화에서 산 사람들은 간디를 성인시 하는 그들의 시각이 매우 부담스럽고 조심스럽다. 그가 성인이라 한들, 그 또한 역사에서 공을 쌓았겠지만, 그만큼 과도 쌓았을 것임은 분명하다. 무슨 특별난 것이 있어서 누구나 겪을 과오를 안 겪을 수 있을까, 라는 생각을 하는 것은 누구나 할 수 있는 자연스러운 일이다. 그 또한 사람의 아들이기 때문이다.

그에 대한 이런 시각을 사진으로 재현하고 싶었다. 그가 가진 범접할 수 없는 카리스마와 그에 대한 무한 비판을 섞을 수 없는 그 성역에 대한 시선을 재현해 보고 싶었다. 글로는 쓸 수 있겠지만, 그것을 사진으로 어떻게 재현할 수 있을까? 박물관을 둘러보는 순간, 누군가가 그를 그린 거친 연필 소묘가 확 눈에 들어온다. 유리로 가려진 전시 공간 안에 모셔진 것. 그 자유로운 연필 놀림이 틀에 갇혀 있어서 잘 어울리지 않다. 카메라를 가까이 들이대니 빛이 반사되어 난데없는 그림자들이 난무한다. 눈은 그것들의 실체를 분간할 수 있으나 카메라는 그렇지를 못한다. 있는 그대로만 보여주는 기계라서 그렇다. 마치 낙인을 찍은 듯한 어떤 희한한 반사도 만들어지고, 마치 큰 붓으로 획을 하나 그어버린 것 같은 자국도 만들어지고, 빛이 강렬하게 들어와 영혼이 빨려 들어가 버린 듯한 느낌마저 받는다. 가시 면류관을 쓴 예수의 느낌이다.

인간이란 존재는 유한하다. 영웅이라고 숭앙받는 그 또한 한 인간일 수밖에 없기에, 그 또한 유한하다. 그가 영웅담에 그려진 것처럼 그가 그렇게 자율적이고 초월적이고 절대 고독의 존재는 아니다. 그 어떤 사람도 모든 것에서 이기심을 초월할 수도 없고, 잘못으로부터 자유로울 수는 없다. 자기 혼자의 힘으로만 살 수 있는 인간은 없다. 인간은 그를 제어하고, 양육하고, 갈등을 일으키게 하고, 영감을 주고받는 사회 속에서 모든 존재와 연결되어 있기 때문에 살아나갈 수 있다. 역사로부터 초월한 신으로서 인간은 존재하지 않는다. 사회에 의존하고 역사에 빚지지 않는 사람, 신의 경지에 오른 사람은 실제 존재한 사람이 아니다. 모두 만들어진 가상 존재다. 간디 또한 그렇다. 그가 보여준 소박함이나 시골 생활이나 욕망 절제의 삶은 분명 본받을 만한 것이지만, 그가 보여준 낮은 사람들에 대한 헌신과 희생만이 고귀한 사랑이라고 생각지는 않는다. 그의 사랑은 확실히 고집스럽고, 이기적이며, 집착적이다. 정치 감각이라고는 찾아볼 수 없다. 그러한 이중적이고, 아니 다면적이고 모순적인 모습이 인간 간디의 본 모습이다.

    사람을 구성하는 것은 무엇인가로 대변되는 어떤 특질 하나가 아니다. 간디 또한 그렇게 하나의 특질로 표상되지 않는, 사람의 아들이다. 그런데 사람들은 그를 인간의 바닥에서 신의 제단으로 올린다. 그를 제단에 올려 다른 사람들이 감히 범접하지 못하게 한다. 그를 부인하고 모독하는 그 어떤 행위도 용납하지 않는다. 간디가 가장 싫어하는 방식으로 그를 사랑하는 것이다. 그것은 사랑이라는 이름으로 행해진 폭력이다. 그 폭력은 그를 이용하여 거대 역사를 이루려는 사람들이 저지르는 기획일 뿐이다. 그 기획이 아무리 아름다운 것일지라도, 그것은 받아들일 수는 없다. 그래서 그런 기획은 사람들에게 패배감과 상실감을 줄 뿐이다. 사소하고 하찮은 문제와 시험을 무시하고 가는 거대한 길은 이 세상 사람들이 가는 길이 아니다. 성인은 스펙타클로 존재하지 않는다. 성인이 진정 성인이라면 우리 곁에서 좌절하고, 눈물짓고, 작은 걸음 하나 옮기는 데 온갖 힘을 다 쓰는 사람이어야 한다.

이미지가 세계를 뒤흔든다

인도, 델리, 2018

"갈릴레이, 내 보기엔 자네는 무서운 길을 걷고 있네. 오늘 밤은 인간이 진리를 보게 된 불행한 밤이네. 또한 인간이 자기 족속의 이성을 믿는 현혹된 시간이네. 누구를 보고 뜬눈으로 돌진한다고 말하겠나? 바로 파멸을 향해 가는 사람을 두고 하는 말일세. 그것이 아무리 멀리 떨어져 있는 별들에 관한 것일지라도 진리를 알고 있는 사람을 권력자들이 자유롭게 돌아다니게 내버려둘 줄 아나?"

― 베르톨트 브레히트, 『갈릴레이의 생애』

간디는 분단된 나라를 받아들이지 않았다. 분단이 구체화될 무렵, 그의 영향력은 과거와는 달리 나락으로 떨어졌고, 그 자리에 그가 감쌌던 자들에 대한 혐오가 독버섯처럼 자라났다. 그건 명백한 현실이었으나 간디는 그 현실을 애써 부인하였다. 파키스탄으로 가서 다시 한 번 그들을 설득하려 하였다. 이미 국민국가는 건국되었기 때문에 되돌린다는 것은 아예 상상조차 할 수 없는 일이었지만, 그는 그래도 고집을 피우며 그곳을 향해 장도를 떠났다. 분단 후 얼마 되지 않은 어느 날 해가 기울어가기 시작할 무렵 기도를 하러 가려고 몇 발자국을 뗀 후 어느 한 힌두 민족주의 광신도가 쏜 총에 맞아 바로 운명하였다. 1948년 1월 30일의 일이다. 그가 남긴 건, '오, 라마 신이시여' 딱 그 한 마디였다. 영락없는 연약한 종교인의 한 마디였다. 그 안에는 비폭력도, 조국의 독립도, 이슬람과의 평화도 없었다. 그 어떤 말보다도 인간다운 언어였다.

그가 쓰러진 자리에 그의 비석을 세우고, 그가 그날 오후 걸어 나온 그 몇 십 발자국과 그가 남긴 마지막 언어를 그대로 형상으로 남겨놓았다. 아주 속된 한 인간의 그저 그런 소리가 비석에 새겨지면서 그 소리는 성스러운 언어가 되었다. 그리고 하찮은 외마디 소리를 남긴 인간 간디는 성聖의 언어를 남긴 신의 반열에 들어간다, 저 발자국들과 비석 위에서. 그가 남긴 비명 같은 외줄기 한 마디는 아무런 의미가 없음에도, 국가와 민족을 위한 메시지로 둔갑을 한다. 비석에 새긴 건 단순한 이미지임에도 그것은 살아서 역사하는 날선 검의 힘마저 갖는다. 표식을 남긴다는 것은 평범함을 비범함으로 만들어내는 것이다. 그것은 당사자가 그런 작업에 대해 무슨 말을 하였고, 무슨 입장을 갖는지와는 아무런 관계가 없다. 오로지 남아 있는 사람들이 그의 죽음을 이용해서 권력을 잡으려는 수단일 뿐이다. 그들에게 관심은 권력일 뿐, 진실은 아니다. 그들은 진실 혐오주의자다.

죽은 이미지라는 것이 살아 있는 힘의 원천이 되면서 그 인간으로서의 삶은 사라지고 그 자리에 신의 이야기만 남는다. 그리고 이번에는 죽은 신화라는 것이 살아 있는 역사를 움직이는 원동력이 되면서 사람들이 살아가는 삶이 뒤편으로 밀려나 버린다. 진실을 모르는 사람이 문제가 아니라 진실을 알고도 그것을 거짓이라고 주장하면서 거짓을 진실로 세워 널리 퍼트린 사람이 주인공으로 살아온 것이 우리 역사의 실체다. 진실이 감춰진 것이 슬픈 게 아니라, 거짓을 진실로 만들어 가는 악행이 선행의 자리에서 떵떵거리는 게 슬픈 일인 것이다. 단 한 번도 피하지 못한 역사의 슬픈 코미디다.

　신화는 있었을 것 같은 이야기지만 사실은 없었던 이야기다. 사람들은 그것으로 국가나 민족 혹은 종교와 같은 공동체의 정체성을 쌓아간다. 그리고 그것으로 쌓은 정체성으로 공동체에 속한 사람들의 행위를 확인하고, 의미를 부여하며, 문화를 공유한다. 그러면서 그 속에서 양육된 사람들이 자라난다. 모두가 한 곳만 바라보고 모두가 같은 곳을 향해 걷는 사람들이다. 여럿이지만, 결국은 하나다. 그들이 나서는 곳이면 항상 어디든지, 정의와 평화의 노래가 불려지지만, 여지없이 갈등이 일어난다. 공동체와 공동체의 싸움이다. 상대는 상대대로 자신들의 신화를 만들었을 터이니, 결국 인간의 싸움은 신화의 싸움인 것이다. 인간사 피할 수 없는 섭리다. 만들어진 이분법의 세계가 겪어야 하는 역사의 숙명 말이다.

    이 무거운 메시지를 사진으로 재현할 수 있을까? 아무 텍스트도 없이 그저 사진으로만 저 메시지를 전달할 수 있을까? 빛과 그림자밖에 없는, 다른 어떤 수단도 없는 그저 평범한 이미지로 저 무거운 메시지를 전달할 만한 방법을 찾아보고자 하지만, 별다른 선택이 있을 수 없다. 사진가가 할 수 있는 것이라고는, 다만, 이것은 이미지고, 그 이미지 자체보다 이미지의 신화적 성격을 더 잘 전해 주는 건 없다는 사실에 기대는 것일 뿐이다. 이미지가 세계를 뒤흔든다. 거기에 사람의 실체는 담을 수 없다. 누군가 읽어낼 수 있으면 읽어낼 뿐이다. 사진으로선 거기까지 할 수는 없다.

뒤바뀜의 법칙

인도, 까르나따까, 벵갈루르, 2015

(……)
더러는 사람 속에서 길을 잃고
더러는 사람 속에서 길을 찾다가

사람들이 저마다 달고 다니는 몸이
이윽고 길임을 알고 깜짝깜짝 놀라게 되는 기쁨이여
— 김준태, 「길」의 일부분

내가 그곳을 찾아간 것은 겨울이지만, 그들에게는 여름이다. 내 안의 시간은 쉽게 바뀌지 않으니, 사방에 핀 꽃이 새삼스럽다. 그곳은 항상 여름이니 항상 꽃이 피고, 그것이 자연스러운 것인데, 그 자연스러움이 확 깨지는 것은 그 여름이 내게 부자연스럽게 다가오기 때문이다. 시간은 나 중심으로 흐르는 게 아닌데, 꼭 그 사실을 잊고 산다.

히말라야에서 내려온 땅이 평원을 지나더니 느닷없이 융기하여 반도가 시작되는 곳. 솟구친 고원이 바다를 향해 달리는 인도 데칸 고원에서 어느 하루를 보낸다. 데칸 고원의 시작 포인트에 한 번 가보고 싶었다. 그곳에서 40년 전 그 상하常夏를 되새긴다.

별이 하도 좋아 온종일이라도 돌아다니려다 어느새 더위에 지쳐 그 좋은 볕 아래 그늘에 쉬러 간다. 허름한 벤치에 앉아 쉼을 청하니 그렇게 좋을 수가 없다. 땀을 닦고, 카메라를 만지작거리는 시간. 무슬림 소녀 넷이서 내 눈 높이 위로 지나간다. 서서 돌아다니면 잡을 수 없는 모습, 까만 히잡hijab을 두른 네 소녀가 내 눈 위를 걷는다. 까만 히잡들이 걷는 장면이 나를 자극시키고, 순간 셔터를 누른다. 순간 앞에도 있고 바로 위에도 있고 저 멀리 언덕에도 있는 꽃을 프레임 안에 얼른 집어넣는다. 히잡과 교묘한 대비를 노린 것이리라. 왜 나는, 꽃이 히잡과 대비된다고 생각했을까?

히잡 넷이 걷는 게 이미지로 내 눈에 들어오는 건 괜한 섣부른 역사 의식 때문이다. 셔터를 누른 찰나가 지난 뒤, 존재하는 실재는 내가 보는 이미지와 다르다는 것을 알게 된다. 눈에 보이는 게 그 본질은 아니다. 눈은 이미 배운 바, 익힌 바, 얻어 들은 바 자신에게 박힌 고정 관념에 따라 보는 뇌의 하수인일 뿐, 눈이 독립적으로 자각할 수는 없기 때문이다. 눈은 스스로 볼 수 없다. 소녀들의 깔깔거림은 여느 청춘의 웃음소리 그것일 뿐, 새삼스러울 게 없는데도, 나는 그렇게 보지 않는다. 세계는 그렇게 그대로인데, 내가 재단하고, 판단하여 규정 짓는다. 그리고 거기에 거창한 의미도 부여하곤 한다. 히잡이라는 게 이슬람이고, 이슬람이라는 건 핍박의 이미지로 어느덧 내게 굳어져 버렸다. 그 거시의 세계가 미시의 세계까지 규정하지는 않을 텐데, 그 사람들은 항상 이슬람으로만 존재하는 것은 아닐 텐데, 나는 그렇게 본다. 내게 아름답다고 해서 세계가 아름다운 것도 아니요, 내게 놀랍다고 해서 세계가 놀랄 만한 것도 아닐 텐데. 내 뇌는 그 단일하게 만들어진 세계에 익숙해져 있고 그 눈은 거기에 따른다. 사진 세계는 그냥 평범한 세계에 의미를 짓는 게 많은 곳이다. 세계는 그런 이미지로 사는 것이 아닌데도 말이다.

 세계에 이는 갈등은 결국 보편에 대한 과도한 바람 때문이 아닐까. 신의 무한한 사랑을 받아야 한다는 과한 기대가 미움으로 귀결되는 것은 아닐까. 거기에서 사랑은 나의 사랑이 되어야 하고, 내 방식의 사랑이 되어야 하고, 나의 사랑이나 내 방식의 사랑이 아니면 사랑의 대상이 금세 미움으로 착종되다가 결국 미움을 지나 혐오로 굳어져 버린다. 사랑이 미움이 되는 본질은 보편이고 그 보편의 중심은 '나'가 되는 이 기막힌 도착. 그 희한한 법칙 안에 다름에 대한 미움과 혐오가 깊게 뿌리 내린다. 어떻게 보편이 강요를 낳고, 사랑이 혐오를 낳는가? 그 속에서 미워하고, 싸우고, 죽이면서 살다 보니, 그 피해 대상 옷차림만 봐도 깜짝 깜짝 놀란다. 좀 더 담대해져야 하는데, 그러지 못한다. 이 또한 불안의 근원임을 알지만, 쉬 해결할 수가 없다.

그들의 행복에 대고 나는, 무엇을 한 것일까?

부탄, 팀푸, 2017

감각보다는

대상이 먼저 생겼고

그 대상보다는

마음이 먼저 생겨났으며

그 마음보다는 지혜가

그 지혜보다는

아뜨만Atman이 더 먼저 있었다.

—『까타 우빠니샤드』

    행복한 나라라기에 간 건 아니고, 그들이 말하는 행복의 모양새가 어떤지를 보고 싶어서 그렇게들 말하곤 하는 부탄Bhutan을 찾았다. 그러고선 그들이 껴안고 사는 행복의 모습을 돌아보고 다녔다. 그들이 행복이라 말하는 것, 만들어진 것일까, 실재일까? 무욕일까, 아니면 아직 욕이 뭔지를 모르는 것일까, 아니면 또 다른 형태의 욕일까? 그것도 아니라면 욕을 부리는 것을 죄로 여겨서 그런 것일까, 그도 아니면 욕을 억누르고 사는 것이 행복이라고 대대손손 그 어떤 이의 가르침에 배우고 익혀서 그런 것일까? 그렇다면, 그들은 몰려오는 물의 욕을 거부하는 것일까, 아니면 아직 그 기회가 오지 않아서 그렇지, 왔다 하면 그들도 우리처럼 그 물욕의 난장에 흥청망청하거나 결국 살육에 빠지게 되는 것일까?

그냥 그들의 삶의 모양새를 외부자로서 보고 싶어서 갔다지만, 나는 어느새 그런 단순한 외부자로 있을 수는 없었다. 하릴없이 산보하면서 대상과 존재 간의 관계를 주체적으로 맺지 않는, 그런 사람이 될 수 없었다. 그러기에는 그 대상에 대해 초연하지 못했고 그러기에는 그 대상에 대해 관심이 너무 많았다. 더군다나 나는 카메라를 메고 다닌다. 그냥 어슬렁거리기에는 도저히 적합하지 않은 도구다. 카메라는 눈이 없다. 다만 내 눈이 카메라로 옮겨질 뿐이다. 여기에 나라는 사람은 이미 그들의 세계에 대한 평가와 규정을 해버린 나의 이성과 지식에 의해 통제되는 사람이다. 그 이성이 장수로 앞장서니, 감각은 그 뒤를 따라가는 병졸이 될 뿐이다. 따라가는 것, 무심한 짓이다. 영혼 없다고들 하는 그 무심한 짓 말이다.

나는, 카메라라는 무기를 들고 행복이라고들 말하는 남의 삶의 공간에 침입하는 포식자가 된다. 지식이라는 이름으로 칭하는 그 어쭙잖은 이성으로, 사람을 작게 만들어 버리고, 종을 거대하게 만들어 찍어 누르는 곳에 위치시켜 버리고, 그들을 앉히고 그 위에서 억압하는 형상으로 박제해 버린다. 그도 부족하여 그 종에 그려진 온갖 문양은 화려하기 그지없고, 색은 주변의 모든 존재와 더불어 화려한, 그래서 당신들도 그 색즉시공의 세계에서 헤어나지 못할 뿐 아닌가, 라는 언어로 덧붙여 씌워 버린다. 종 아래에서 행인지 불행인지 아니면 이도 저도 아닌 또 다른 무엇인지 알 수 없는 그들의 세계가 나의 이성의 눈에 의해 종교에 의해 찌들고, 인간에 아직 눈뜨지 못한 세계로 박제되어 버린다. 나는, 무슨 짓을 한 것일까?

이것은 의식의 과잉인가? 의식을 대동한 판단은 냉정한 것인가? 냉정하다는 것은 과연 좋은 것인가? 그렇다면, 우리는 이성의 개입을 배제할 수는 없는가? 만약, 배제할 수 있다면, 판단을 유보할 수는 있을까? 직관으로 파악하는 그 세계는 깨달음인가 이해인가? 그 세계가 가능하기는 한 것일까? 철인의 세계에서가 아닌 우리 범인의 세계에서 말이다.

행복의 나라에 가서 그 행복에 대해 이리저리 난도질만 하고 돌아온 발걸음이 가벼울 리 없었다. 이제 책도 그만 읽고, 생각도 그만 하고, 글도 그만 쓰고, 그냥 느낌으로만 살자고 되뇌는 것은 하루 저녁 몽상도 되지 못한다. 다시 도로아미타불이 되고 만다. 그러고선, 또다시 이성과 지식의 바다에 빠져 허우적거린다. 그해 여름은 그렇게 무겁게 갔다. 히말라야 자락을 억누르는 몬순 구름처럼…….

희생양

인도, 까르나따까, 까벨루르, 2016

> 모든 풀은 풀이다. 잡초인 풀은 없다.
> ― 어느 북아메리카 체로키 인디언

　사실을 그대로 본다는 것이 무엇인지 그것을 정의하거나 실행한다는 것은 불가능하다. 무엇을 보는 것이 사실인지, 그 무엇을 어떤 관점으로 본다는 것이 무엇인지 규정할 수 없기 때문이다. 인도를 여행하다 보면 유독 이런 생각에 많이 잠긴다. 이날도 그러하였다. 불가촉천민들이 마을 희생제를 지낸다는 소식을 듣고 그곳을 찾았다. 칼을 든 도살자 뒤로 희생양이 되기를 기다리는 염소 수십 마리가 줄 지어 기다린다. 한 마리씩, 내리치는 칼질에, 그 목이 톡, 톡 떨어져 나간다. 분리된 머리와 몸통 양쪽에서 피가 괄괄괄 쏟아진다. 칼날을 내리치는 장면을 몇 컷 찍고, 제사에 참여하는 사람들의 모습도 담는다. 몸통은 하수구 쪽으로 줄을 지워 나란히 늘여놓고, 머리는 제사터 한 중앙에 가지런히 늘여놓는다. 누가 봐도 이들에게 중요한 건 몸통이 아니고 머리기 때문이다. 여러 가지 생각들이 어지럽게 흔들리는 순간, 동네 아낙 한 사람이 떨어져 나간 머리를 뒤로 하고 신에게 기도를 하고 제사터를 빠져나간다.

사실을 있는 그대로 이미지로 기록하려면 동영상으로 찍는 게 더 낫다. 맥락이 그나마 단절되지 않아서 그렇다. 그러나 나는 동영상이 아닌 사진을 찍는 사람이다. 동영상이 아닌 사진을 찍는다는 것은 객관적 사건의 맥락을 인위적으로 끊어버리겠다는 것이다. 카메라를 사실의 맥락에 개입시켜 내러티브를 사진가의 의도로 만들겠다는 의지가 개입되어 있는 것이다. 이 제사에 참여하는 사람들 중에 저 한 아낙이 기도하는 장면을 눈여겨 본 사람이나 그것을 기억하는 사람은 없거나 그리 많지 않을 것이다. 그렇지만 나는, 바로 이 장면만이 이 제사에 존재했음을 의미로 부각시키고자 한 것이다. 결국, 내가 찍은 이 사진은 어느 마을에서 일어난 희생제의 풍경이 아니라 타자의 목숨을 앗는 것 그리고 그 희생물의 명복을 비는 것 사이에 존재하는 묘한 아이러니를 말하고자 하는 것이다.

관계는 결국 이기적이라는 말을 하고 싶은 것이다. 그것이 사랑이라는 이름으로 표상되든 희생이라는 이름으로 표상되든 다

마찬가지다. 그것이 사랑이든 희생이든 한쪽에서 다른 쪽을 위해 일방적으로 대가 없이 주는 것을 최고의 사랑이나 희생으로 가치를 매기기 때문이다. 예수의 사랑이나 희생이 그렇고, 어머니의 사랑이나 희생이 그러하다고 숱하게 많은 도덕이 가르친다. 그 도덕은 틀을 만들고, 그 틀은 전형이 되어 그것을 따르라는 강요를 만든다. 그 구조 안에서 도덕의 욕망은 순종을 부르고, 순종은 신화 안에서 미화된다. 그리고 신화로 무장된 희생의 원리는 사랑과 희생이 결국 폭력과 갈등으로 표출되는 이기의 역사로 확장된다. 인간의 역사가 단 한 번도 피할 수 없었던 갈등, 그 갈등으로 우리가 사는 공동체가 분열되고 폭발될 위기에 처하게 될 때, 사람들이 내세운 것은 희생이다. 그리고 그 희생은 항상 그렇듯 힘없는 자에 대해 부과하는 강요다. 그리고 그 강요 위에서 희생당한 자는 아름다운 신화로 포장되고, 그를 희생시키는 공동체는 물질의 번영을 만끽한다.

인류애라는 거창한 이름이든 휴머니즘이라는 좀 더 세련된 이름이든 그것은 오도된 희생, 강요된 희생 위에서 일방적으로 만든 위선의 바벨탑이다. 그 안에서 양은 그것이 실제로 양이든 염소든 아니면 소든 돼지든 심지어는 효성이 지극한 심청이든, 아무 죄도 흠도 없는 예수든 아무 관계 없다. 관계 있는 것은 권력으로 만들어진 관계와 그 위에서 구조화된 도덕이라는 틀 위에서 모두 희생당한다, 라는 사실이다. 그 희생양과 그 구조 안에서 계발된 도덕과 숭고의 미는 항상 욕망을 매개자로 중간에 놓는 구도 안에서 형성된다. 욕망은 서로의 인간과 인간 사이에서 피치 못하게 일어날 수밖에 없는 경쟁과 갈등 위에서 발생한다. 갈등은 싸움을 낳지만, 싸움은 조정과 중재를 바란다. 그렇지만 그 조정과 중재는 분명한 승과 패, 우와 열의 관계를 인정하는 선 위에서 이루어지길 바란다. 그래야 공동체가 유지되기 때문이다. 그 사이에서 나타나는 것이 희생양이다. 희생양이 갖는 본질적 속성은 스스로의 위치에 따라 전해지는 것이 아니고 희생을 시켜야 하는 자와 희생을 당해야 하는 자의 관계에 따라 정해진다는 사실이다. 누가 그 원리를 작동시키는지는 분명치 않지만, 그것이 도덕 혹은 종교 혹은 이념이라는 이름으로 작동된다는 것은 분명하다.

희생, 인간이라는 포식자가 설정하는 이 땅에서의 일방적인 관계에서 만들어진 것일 뿐, 희생당한 자가 본질적으로 갖는 고유 속성은 아니다. 권력의 문제일 뿐이다. 그 권력의 관계가 변화한다면, 그 속성도 변한다. 그러나 그 권력의 관계는 순서는 바뀔 수 있어도, 그것이 없어지는 건 아니다.

행복의 조건

인도, 라자스탄, 조드뿌르, 2018

'좋음'이라는 판단은 '좋은 것'을 받았다고 표명하는 사람들의 입장에서 나오는 것은 아니다. 오히려 그것은 '좋은 인간들' 자신에게 있었던 것이다. 즉 저급한 모든 사람, 저급한 뜻을 지니고 있는 사람, 비속한 사람, 천민적인 사람들에 대비해서 자기 자신과 자신의 행위를 좋다고, 즉 제일급으로 느끼고 평가하는 고귀한 사람, 강한 사람, 드높은 사람들, 높은 뜻을 지닌 사람들에 있었던 것이다.

— 니체, 『도덕의 계보』

조드뿌르Jodhpur 메헤랑가르Mehrangarh 성을 나올 때 별로 크지도 않은 이미지 하나가 눈에 확 들어왔다. 사띠Sati 핸드프린트다. 전율이 흐른다. 한참을 쳐다보는데, 사람들이 자꾸 지나가고 또 지나간다. 이상하게 여성만 지나간다. 아니, 정확하게 말하자면, 내 눈에 그렇게 보이는 거겠지. 아니 더 정확하게 말하자면, 그렇게 보고 싶은 거겠지. 도대체 몇 사람일까? 세어봤지만, 별의미 없을 것 같아서 관둔다. 왕 한 사람의 죽음에 산 채로 같이 화장을 당해야 하는 그 전통. 순전히 강제도 아니고, 순전히 자발도 아니다. 남성 중심의 도덕이 강고하게 신화가 되면서 여성 스스로가 그 신화를 끌고 가는 견인차가 된 그 전통.

　카메라를 든다. 핸드프린트 하나만 찍어두었으나 그런 건 자료로 필요할 뿐, 별 의미가 없을 듯하여 이내 여성이 그 앞을 지나가기를 기다린다. 사띠를 행한 저 많은 비빈처첩들, 그들은 행복했을까? 물론 불에 타 죽어갈 때는 다 비참하고 고통스러웠겠지만, 그것을 감행했을 때 그들은 죽어서 저 하늘에 별이 되기를 소망하고, 그 소망이 이루어지는 것에 즐거움의 눈물이 흘렀을까? 예수의 이름을 부르짖으며 망나니에게 목이 두 동강이 나는 참수형을 당할 때 요단강 건너가는 노래를 기쁨의 눈물로 부르는 그 선교사들은 또 어땠을까? 그들은 행복하였을까?

　행복의 조건은 무엇일까? 행복은 객관이 아니라, 자기 스스로에게 달려 있는 것이라고들 말한다. 그 개인이 자신의 행복을 바라는 한, 그에게 행복에 이르는 길, 소위 검증되거나 객관적인 그 길에 대해 누군가 알려주는 것은 바람직하지도 못하고 의미도 없는 것이다. 개인의 행복은 다른 사람 누구도 이해할 수도 없고, 느낄 수도 없고, 아무도 따라할 수 없는 것이다. 그 자신만이 이해하고 느끼고 좇아갈 수 있는 고유한 어떤 측정 불가의 것들이 만들어내는 것이 행복이다. 이러한 행복에 가장 격렬하게 대척점에 서 있는 것이 사띠를 행한 여인이다. 범주화해서, 그 안에서 만들어진 위인의 발길에 따라 그를 본보기로 삼아 그를 좇아가기 때문이다. 불행으로 가는 길이다. 그러나 그 불행을 피할 수 없는 사람들, 힘이 없어서 그 도덕의 틀을 박차고 나올 수 없는 사람들, 너무나 오랫동안 세뇌가 되어 국가, 민족, 종교, 이념 등에 대해 신화를 만든 사람들의 목소리를 그대로 옮기며 스스로를 희생하는 사람들, 그들이 뜨거운 눈물로 부르는 노래는 박제된 틀 속에서 행복이라고 신화화된다.

사띠를 행하는 것은 여성이 할 수 있는 최고 수준의 고행이다. 이 지역에서 나고 자란 소녀들은 어렸을 적부터 커서 사띠 되는 게 꿈이곤 했다. 죽어서 별이 되는 꿈은 할머니 품에서 잠을 이룰 때 꿈결에서 들은 메타 신화였다. 별이 되는 건 결국 신이 되는 것이다. 척박한 땅을 천하게 보고 회피하는, 하늘을 꿈꾸며 그 안에서 영생을 누리는 세계다. 최고의 이기심으로 가득한 흥분과 마취의 상태다. 평범한 길, 누구나 가는 길, 남이 간다고 해서 따라가지 않고, 그저 그렇게 사는 것을 삶의 이치로 여기면서 자연스럽게 사는 길, 그러한 것들이 평가절하 당하는 것이 우리 사는 세계의 법칙이다. 남과 다른 것, 비범한 것들, 오죽했으면 남자와 여자의 사랑 속에서 태어나지 않고 여성 혼자서 낳은 삶이나 인간 수준에 한참 못 미치는 알로 태어난 삶을 칭송하고 추앙하는 것일까? 늙으면 죽고, 죽으면 흙으로 돌아가는 것이 사람 사는 세상의 이치임에도 그것을 꿈꾸는 자는 없다. 자연은 고행을 필요로 하지 않는다. 그렇다고 자연은 평균을 바라지도 않는다. 초록은 초록대로 좋고, 낙엽은 낙엽대로 좋다. 모든 나뭇잎이 다 초록일 필요는 없다. 그럼에도 초록을 향해 모두들 좇아가면 그를 따라가지 않고 나 홀로라도 그 평범의 길을 거부하는 것, 그 길이 행복의 길이라 꿈꾸며 간다.

순간, 카메라 앞에, 저 검은 피부에 새까만 머리를 힌두 전통의 방식대로 한 저 여인이 지나간다. 바로 저거다. 주저할 새도 없이 셔터를 누르는데, 앞에 이 맥락과 전혀 어울리지 않을 듯한 서양 여성 한 사람이 프레임 안으로 들어와 버렸다. 마음에 들지 않아 더 기다려봤으나 내가 바라는 저 모습의 여인이 다시는 오지 않는다. 그렇다고 저 하얀 서양 여인을 지워버릴 수도 없다. 사진은 세계를 만드는 것이 아니고 있는 세계를 재현하는 그리고 해석하는 것이라고 믿기 때문에 나는 지우지 않는다. 사띠라는 전통을 오리엔탈리즘으로만 이해하는 저 서구의 관점을 이해하기 위해 저 서양 여인이 있는 모습이 더 나을 수도 있겠다, 정도로 해석해 보고, 이내 만족하기로 한다. 사진은 찍을 때 의도하는 것과 이미지로 볼 때 해석하는 것 사이에서 묘한 자기 합리화의 파동이 일어난다. 그것 또한 빠트릴 수 없는 사진하는 재미 중 하나다.

세상을 바라보는 나의 위치 지우기

인도, 마하라슈뜨라, 나시끄, 2017

"나는 국가의 명령에 따라 유대인을 열심히 이주시켰을 뿐이다. 더욱이 나는 칸트의 정언명령 즉, '자신의 의지의 원칙이 항상 일반적인 법의 원칙이 되게 하라'는 근거에 바탕을 두고 충실하게 행동했을 뿐이다. 만일 내가 국가의 명령을 받지 않고, 그런 일을 자행했다면 양심의 가책과 책임을 지겠으나, 나는 단지 국가의 명령을 수행했기에 나는 무죄다."

"당신의 죄는 사유의 불능성, 그 중에서도 타인의 입장에서 생각하기의 무능성이다."

— 한나 아렌트, 『예루살렘의 아이히만』

신을 숭배할 때, 그 위계의 사다리 최상에 위치하는 절대 지존만을 숭배하는 건 아니다. 공무원에게 청탁하고자 할 때 장관에게 하는 것이 아니고 담당 과장에게 하는 것이 사람들 세계의 일인 것과 같은 이치다. 사람 세계의 효용성과 권력과의 관계가 신들의 세계에도 고스란히 반영되어 있다. 그러니 신들의 세계는 사람들의 세계요, 그곳은 사람들이 욕망을 소비하는 곳이라, 그 안에 있는 이야기는 모두 사람들의 이야기다. 인도 사람들이 가장 많이 의지하는 신 가운데 하나는 저 원숭이 신 하누만 Hanuman이다. 위대한 하나님 비슈누의 화신 라마Rama를 주인으로 모시고 악마를 물리치는 데 절대적인 공헌을 한 원숭이 형상의 신이다. 그 하누만 신상이 성스러운 강 수변 광장 한가운데 거대한 크기로 서 있다. 양쪽에 부조로 새겨 이쪽에서도 발에 절을 하고, 저쪽에서도 발에 절을 하도록 만들어져 있다.

하누만 신상에게 절을 하는 사람은 물론이고, 그를 쳐다보기만이라도 하는 사람은 백이면 백, 지금 이 사진의 좌우 90도 각도로 틀어선 위치에서 볼 것이다. 그것이 정면이기 때문이다. 그런데 나는, 정면이 아닌 측면에서 사진을 찍는다. 그것이 무엇이든 사람이 세워놓은 것이란 그것을 바라보는 사람의 시각에 따라 달리 사용될 수 있음을 말하려 하기 때문이다. 신은 스스로 태어난 존재이든 사람들이 만들어낸 존재이든 어떤 절대자가 창조한 존재이든 영겁의 세월 속에 맞춰 생겨난 존재이든 간에 인간을 돕고, 인간을 세우고, 인간들이 사는 세상이 좋은 곳이 되도록 만드는 역할을 하는 것임은 아무도 부인하지 않을 것이다. 그렇지만 지금 인도에서 힌두교의 신은 무슨 역할을 하는가? 그들은 세계를 가르고, 우리와 너희를 가르고, 처단하는 자와 처단당해야 할 자로 나뉘는 전선의 맨 앞에 선다. 그 신 가운데 가장 앞에 선 신이 저 하누만 신이다. 신화에서 위대한 인간을 도와 세계를 악의 구렁텅이에서 구해낸 그 위대한 조력의 신이 현재는 힌두 광신자들에 의해 무슬림을 쳐죽이는 도살자의 상징으로 소환되어 있다. 일부 정치인의 농간이라지만, 수도 없이 많은 사람들이 그 악의 정치에 환호하고 그 만들어진 신에게 머리를 조아리며 하누만 신의 깃발 아래 무슬림 여인을 강간하고 아이들 머리를 돌로 짓이긴다. 그들이 믿는 하누만 신은 이쪽에 있는가, 저쪽에 있는가?

　세계는 원래 하나다. 선과 악이 하나이고, 낮과 밤이 하나이고, 물질과 정신이 하나이다. 그 본질이 어떤 유한한 현상으로 나타나 둘로 보일 뿐이다. 그 본질은 하나로 고정되어 있지 않다. 보는 이의 눈에 따라 봄이 되기도 하고 여름과 가을을 지나 겨울이 되기도 한다. 물 흐르듯, 천변만화하지만 결국은 하나다. 대상은 보이는 것이 아니라, 의意와 지志로 바라보는 것이다. 선이 악이고 악이 선으로 섞인 이 카오스의 세계를 어떻게 그저 바라보면서 단출히 담아낼 수 있을까? 카메라를 들 때는 늘 하는 재현에 대한 고민이다. 우주가 물 한 방울에서 시작되고, 이슬 한 방울에 우주가 담긴다는 이치를 알아야 그렇게 이미지를 만들 수 있다. 그걸 모르고 보면, 그저 보이는 것은 물 한 방울에 이슬 한 방울뿐이다. 문제는 저 실타래같이 얽힌 저 카오스의 세계를 어떤 이미지로 보여줄 것인가일 텐데, 카오스의 한 단면을 끊어 만든 그 한 장의 사진 안에서 그 이어진 세계를 어떻게 보여줄 수 있을까? 저

일체유심조一切唯心造의 세계를 정지시켜 사진이라는 한 단면으로 담아야 한다면, 카메라를 든 내 뜻으로 경계도 짓고, 위치도 지워야 한다. 대상을 달리 선택하니 재현된 이미지가 달리 나타나지만, 사진으로 하고자 하는 말은 동일하다.

저 하누만 신상을 중심으로 조성된 성스러운 강 수변 광장은 사람들이 모여 목욕 의례를 하는 곳이다. 그곳에 모셔진 저 하누만 신상의 모습이 특이하다는 데서 실마리를 찾아본다. 부조 형태로 되어 있는데, 앞뒤 양쪽에 신상이 모두 새겨져 있으니 앞뒤가 따로 구별되어 있지 않다는 말이다. 이 신상을 사진 프레임 안에 위치시켜 내 이야기를 해보자. 신상으로 세계를 나눈다. 그러자 세계가 둘로 나뉘어 있는 것으로 보인다. 멀리 떨어져 있으면 멀쩡한 하나일 텐데…… 이런 재현으로 하는 사유의 놀이는 세계를 보는 나 자신의 위치를 지우는 일이기도 하다. 하나로 엉켜 붙은 카오스의 세계에서 살아가려면 세상과 거리를 어떻게 두느냐를 결정해야 하는 그런 위치 지우기를 사유해 보는 것이다. 내가 세계를 파악하는 것은 항상 동일하다. 인간에게 악과 선은 섞여 존재한다는 것. 둘은 분리될 수 없다는 것이다. 촛불이 초의 기름과 심지가 섞이면서 불로 피어오르듯, 인간에게 선과 악은 서로 섞이면서 끊임없는 변화 속에서 나타난다. 세계에 나타나는 모습은 그 둘이 어떻게 조합을 하느냐에 따라 달라진다. 그래서 현상이란 생성되는 것이지, 새롭게 만들어지는 것은 아니다. 더군다나 악이라 해서 악의 얼굴을 하는 것이 아니고 선이라 해서 선의 얼굴을 하는 것도 아니다.

　입에서 인간으로 할 수 없는 악의 언어가 배설물처럼 쏟아져 나온다. 그런데 상황이 바뀌면 천사의 목소리를 한 노래도 그 입에서 나온다. 그 행위는 일상에서 끊임없이 반복된다. 그런데 문제는 그 악의 저주를 퍼붓는 이가 그것이 악이라는 걸 모른다는 사실이다. 다른 이에게 벌어지는 불행은 나에게 상관없는 남의 일이기 때문이다. 당신은 힘들지만, 그건 당신의 운명이고, 나는 그냥 나만 행복하면 될 일이기 때문이다.

세계는 되어가는 것들로 이루어지고 있다

인도, 웃따르 쁘라데시, 아그라, 2018

어떤 것에도 머무르는 마음을 내지 않아야 한다. 형상에 머무르는 마음을 내지 않아야 하며 소리, 냄새, 맛, 감촉, 마음의 대상에 머무르는 마음을 내지 않아야 한다.

—『금강경』

새해가 밝았다. 마을 사람들이 모두 한껏 치장하고 구경나왔다. 젊은 새댁들은 특히 몸가짐을 아주 조심조심한다. 그래도 한창 설레이는 마음은 감추지 못한다. 구경을 하러 들어가기 전에 인원 점검 차원인지 바닥에 앉아 뭔가를 기다리며 이야기꽃을 피우는 중이다. 여자들은 여자들끼리 있고, 남자들은 남자들끼리 있다. 그러던 중, 총을 든 경호원이 아무런 의미도 없이 그 앞에 선다. 총을 들었지만, 그들과 관련해서는 아무런 관련이 없는 장면이다. 순간 한 커트 누른다. 누가 봐도 총과는 관련이 없는 그 장면이 내 카메라에는 총을 든 남성 군인이 여성을 억압하는 장면으로 찍힌다. 세계를 내 뜻대로 전유해 버린 것이다. 까르띠에 브레송의 결정적 순간과 같이, 역사적 의미를 탈각시켜 버리는 것이다. 무엇을 말하려 이런 사진을 찍었을까?

현대 사진은 사진 이미지를 만들기 위해 해프닝을 연출하곤 한다. 연출까지는 아니지만, 장면을 의도적으로 어떤 해프닝으로 만드는 것도 있다. 근대성으로부터 벗어난 감각의 추구다. 실재의 재현이 아니고 의미의 전유로서 문학의 성격이 짙어지는 사진이 된다. 이 경우 사진이란 있는 실재를 넘어 창작해 내는 것이 되어버린다. 이러한 장면은 실재를 보는 사람은 전혀 예상할 수는 없고, 오로지 사진가의 뜻에 따라 만들어지는 것이다. 이러한 창작 행위는 대상을 접하면서 순간 번뜩이는 아이디어로 그 장면을 순간적으로 기획한 결과다. 사진이 우연의 소산이긴 한데, 이런 방식을 통해 생산된 사진은 필연의 의미 부여가 된 사진이다. 사실 사진은 기계가 만들어낸 이미지라서 사진가가 창조해 낼 수 있는 가능성은 없다. 사진가와 대상과의 관계는 매우 일률적으로 정해질 수밖에 없다. 그런데 사진은 세계를 그대로 재현하는 것이라고 하는 신화에 사람들은 빠져 있다. 이미지로 나타나는 것이 모두 사실 그대로라고 생각들을 하는 것이다. 이 신화를 말하고 싶어 나는 셔터를 눌렀다. 당신이 보는 세계는 있는 그대로의 세계가 아니라는 것을 말하고자.

사실, 우리가 사는 세계 자체는 특이한 것, 생뚱맞은 것이 존재하는 것은 아니다. 모든 것은 맥락의 소산이고, 그 맥락을 이해하면 그 속에서 다 해석되는 것이기 때문이다. 그런데 요즘 사진가들은 유독 생뚱맞은 대상을 좋아한다. 탈역사적인 장면이나 순간과 우연을 보고자 하는 경향이 강하다. 눈에 거슬리는 것들, 낡아 버려진 것들, 시간 속에서 풍화되어 버려 다 변해 버린 것들, 다수로부터 외면당한 소수, 저항하는 사람들, 이런 것들에 대해 관심을 많이 쏟는다. 그런 장면을 찾기도 하지만, 그렇지 않은 장면을 프레임을 뒤틀어버리거나 시간과 빛을 이용해 기이하게 만들어버리기도 한다. 사회에서 배제된 사람들이나 그들이 사는 풍경을 찍기를 좋아하는 다큐멘터리 풍조에 대해 소극적으로 반기를 드는 것이다. 세계를 기록하는 것이란 심한 단순화라는 것을 말하고 싶은 것이다. 그래서 그들이 찾는 대상은 항상 기이함 속에서 나온다.

왜 그럴까? 문제는 우리가 하나로 단일하게 재현할 수 없는 이질적인 복잡계의 현대 사회에 살고 있다는 사실에서 비롯된다. 현대 사회는 시작도 끝도 없는 이미지가 무한 복제되고, 생성되는 곳이다. 존재는 사라지고 생성만 있는 그 현대 사회의 성격이 저런 태도의 뿌리다. 그 사회는 맥락과 해석을 공유하지 못하면 소통이 단절되어 버린 곳이다. 겉과 속이 다른, 절대 고독과 상대 소외에 둘러싸여 있다. 겉으로는 멀쩡한데, 터져 나오는 뉴스들을 접하면 기이한 것들이 도처에 깔려 있다. 상식이라는 낡은 테두리는 전혀 우리 삶을 좌우하지 못한다. 근대주의의 소산인 전형으로부터 탈피하고자 하는 몸부림을 이해하지 못하면 아무것도 이해하지 못하는 사회가 되어버렸다. 그 안에서 사람들은 정주로부터 벗어나 어디론가 탈주해 버리고 싶은 꿈을 꾼다. 그 어딘가는 심지어 죽음도 된다. 전형으로부터 벗어날 때만 사람들의 주목을 받는다. 그렇지 않으면 존재를 부인당하는 투명 인간이 되어버린다.

　이제 사진은 사실 그대로를 복제한 것이라는, 그래서 역사를 가장 객관적으로 기록하는 매체라는 전형으로부터 벗어나려는 사람들의 매체가 된다. 그런 사회를 말하고 싶다. 그들의 추세를 긍정하든 부정하든, 그런 사회 속에 내가 서 있음을 말하고 싶은 것이다. 세계는 존재하는 것들로 이루어진 것이 아니고 되어가는 것들로 이루어져 가고 있음을 말하고 싶다.

그러한 듯한 세계, 카오스

인도, 따밀나두, 뿌두쩨리, 2015

모든 형상과 소리와 냄새와 맛과 감촉은 뭇 삶을 도취시
킨다. 이런 것에 대한 욕망을 삼가라.

—『숫따니빠따』

인도에서의 삶은 카오스 같다는 말을 자주 듣는다. 질서가 없는 세계 혹은 무질서 속에서 나름 돌아가는 어떤 보이지 않는 질서 정도의 뜻으로 이해를 한다. 달리 말해 보면, 서구 세계에서 흔히 보이는 종류의 문화와는 질적으로 다른 고유한 뭐가 있다는 말일 것이다. 말하는 사람들에 따라 달리 표현되지만, 어떤 이는 알게 모르게 자신의 몸이 익숙한 것들로 채워져 있었다는 사실을 새삼 깨닫는다고도 하고, 어떤 이는 데자뷔라는 걸 처음으로 피부에 닿게 느끼는 경험을 해봤다고도 하는, 뭔가 닿을 듯 닿지 않고, 못 닿을 듯하면서 닿는 듯한 곳인 것 같기는 한다. 단순히 오리엔탈리즘에 빠져 말하는 명상과 사색의 나라라는 의미는 아니다.

서구의 세계관이 '그러하다'라고 한다면, 이곳은 '그러한 듯하다'일 것이다. 규정적이고 단일적이고 규범적인 서구 세계관의 틀은 유화 같아서, 모자이크 같고, 뫼비우스 띠 같은 인도의 그것과는 누가 봐도 사뭇 다르다. 특히 모든 세계가 다 서구화가 된 지금이니, 그 단일화된 데에서 인도 세계를 보면 바로 그 '그러한 듯한' 세계관에 끌리는 건 어쩔 수 없다. 세계 안의 세계와 세계 밖의 세계가 공존하다 보니 어느 한쪽으로 규정하고 그것을 기준으로 삼기가 어려워지는 그 세계에서 인도를 본다. 상황에 따라 진리가 달라지고, 상대주의 요소가 너무 강하다 보니 거짓말에 대한 거부감이 쉬 합리화되고, 양해되어 버리는 그 세계에, 경쟁과 배제에 염증을 느낀 사람들이 매혹으로 다가선다. 피하기 어려운 유혹이다.

이런 인도적 세계를 사진으로 재현하고 싶은 생각을 사진 시작한 이래로 단 한시도 빠지지 않고 오랫동안 가지고 왔다. 추상을 구체로 표현해야 하기 때문에 매우 자의적일 수밖에 없지만, 있는 대상을 그대로 재현하는 사진보다 보이지 않는 관념을 보이는 대상으로 의미화하는 것이 긴장의 역습을 가져오는 쾌감이 있어, 쉬지 않고 작업을 계속 해오는 중이다. 어차피 예술이란 기존에 도전하거나 전통이나 관습에 저항하는 것이라 하니 그것으로서 나 혼자만의 만족감이 충분하면 된다. 더군다나 내 작업이 소위 작품으로 이어져야 한다는 강박감을 가지지도 않으니, 주저하지 않고 시도해 본다.

한눈에 누가 봐도 어지러운 상태다. 저 많은 간판들은 그 어떤 것도 어떤 통일된 혹은 표준화된 규범을 가지고 있지 않다. 모두가 다 다르다. 그렇지만 그것을 그냥 단순히 다 다르다고만 할 수는 없다. 그 다름은 옆과 주변의 다른 존재들과 관계를 맺으면서 수시로 계속해서 변화해 나간다. 외부에서 규제를 가하지 않으니 끊임없는 반복이 변화를 생성한다. 그것은 인간이 유한한 존재이기 때문이고, 인간이 만들어낸 신 또한 그러하다, 라는 힌두교적 세계관을 닮았다. 인간이 홀로 존재할 수 있는 상황이란 게 가능하겠는가? 인간이 자연과 사회의 힘으로부터 독립적으로 의지로서 주체를 세우고 버티고 그것으로 헤쳐나갈 수 있겠는가? 변화하는 운동의 상황은 인간을 매 순간마다 분해하고, 그러면서 존재는 하나의 고정된 것에서 벗어나 끝없는 생성이 일어나는 세계다. 존재 안에 잠재적으로 있는 차이는 주변과 상응하면서 또 다른 차이를 무수히 만들어내고 결국 새로운 것으로 생성되는 비실체의 세계로 바뀐다. 그래서 카오스라고 말하는 그 세계, 어지러운 듯 무질서인 듯하지만 결국 내부에서 일어나는 변화―반복―생성―변화……라는 운동이 어떤 원리를 작동하는 세계가 우리 눈앞에서 작동을 한다. 부지불식간에.

사진으로 이러한 어려운 관념론을 보여준다는 것이 가능할까? 사진은 사진으로만 말을 해야 한다는, 받아들일 수 있기도, 받아들일 수 없기도 한 그런 사진의 성격 위에서 이런 말을 하고 싶은데, 그것이 가능할 것인가? 사진을 한다는 것이 대상을 앞에 두고 사유하고, 그것을 이미지로 만들어 보면서 다시 사유하는 행위, 그것이라고 발설하면 될 일이다. 그렇다면 바로 이 '어지러운' 간판들, 그것들로 끝없이 분할되는 저 공간이 변화와 생성하는 운동성의 세계를 말하기에 딱 안성맞춤이다. 그 세계를 당신이 긍정으로 받아들이든 부정으로 거부하든 그것에 개의치는 않는다. 단지 사진으로 사유하는 사람으로서 세계가 획일적이거나 존재론적이지 않고 이질적이고 생성론적이더라는 말을 하고 싶은 것이다.

    내 오랫동안 마음에 두고 있는 이 세계관을 담기에 참 좋은 장면이 지금 내 눈앞에 펼쳐져 있다. 사진하는 나는, 이 사진을 보면서 당신은 힌두교적 세계에 대해 어떻게 생각하는가를 나눠보고 싶을 뿐이다. 끊임없이 변화가 일어나는 세계, 근본도 무의미하고, 기원도 무의미한 세계. 이성과 자아가 사유의 근원이 되지 못하는 세계. 당위성과 법칙성은 흔들리고 현실은 정주하지 않는 세계. 우리가 사는 현대 사회와 그 안에서 경계를 무너뜨리며 끝없이 변화하는 어지러운 이 시대의 모습을 저 인도 남부의 어떤 작은 도시 시장 입구에서 본다. 카메라가 없었으면 사유하지 못했을 것이다.

사람 사는 세상, 짐승 사는 정글

인도, 서뱅갈, 꼴까따, 2010

내가 진실로, 진실로 너희에게 이르노니 한 알의 밀이 땅에 떨어져 죽지 아니하면 한 알 그대로 있고 죽으면 많은 열매를 맺느니라.

―「요한복음」

 어즈버, 라는 말을 곧잘 쓴다. 그냥 '아~'라고 하면 그 느낌이 잘 살지가 않기 때문이다. 야은 길재가 지은 "오백년 도읍지를 필마로 돌아드니 산천은 의구하되 인걸은 간 데 없네. 어즈버 태평연월이 꿈이런가 하노라."는 학교 다닐 때 배운 시조 중에 가장 오랫동안 마음속에 남아 있는 시조다. 그건 아마 '어즈버' 때문이 아닐까 한다. 그 '어즈버'를 꼴까따에서 읊조렸다. 죽어버린 도시라는 말을 하마터면 내뱉을 뻔했던 그 도시를 처음 찾았을 때, 내가 뱉은 말은 '어즈버'였다. 공산당 정권 34년, 희망과 환희가 들끓던 제3세계의 중심지. 옛 것을 보내고 새 것을 심어야 하는 정치 혁명가와 인민들의 꿈이 투표로 시작되었다가 투표로 끝나버린 곳. 어즈버, 꿈이런가 하노라.

도처에 보이는 것은 낫과 망치로 구성된 공산당의 상징이다. 숱한 저 상징을 보면서 두 가지 심정이 떠올랐다. 아직도 살아 있구나……. 아니지, 저런 식으로 하니 권력을 내주지……. 이런 상반된 심정이 떠올랐다. 정치란 상징의 조작이다. 그런 점에서 사진도 크게 다르지 않다. 상징이란 이미지고 이미지는 익숙해지기 마련이다. 사진 또한 이미지고 그 이미지 또한 익숙해지기 마련이다. 그 안에는 생명력이 없다.

생명은 자기와 다른 것 특히 자기보다 약한 것을 죽이거나 제압해 자기가 힘을 얻는 것이다. 역으로 강한 자에게 붙거나 잠시 빌붙어서 살아남는 적자생존의 원리다. 그 안에 어디서든 도덕의 목소리를 키울 게재가 되지 않아야 한다. 그런데 공산주의는 무엇을 했는가? 오로지 내세운 건 상징이고, 꿈이고, 당위다. 세계의 변화를 끌고 나가 적 세력을 제압할 힘이 없으니 결국 내적 타락으로 가버렸다. 가난한 사람은 노동자조차 할 수 없는 상황이 되어버린다. 생명 보전을 위해 가진 것 그러모아 나무 밑에 좌판을 깔았다. 그 뒤로 낫과 망치가 멋들어지게 자리 잡고 있다. 저 상징에 흥분하여 몇 번은 표를 주고, 그 조직 안에 들어가 어엿한 기득권이 되었겠지. 그러나 그건 당신들의 천국에서나 있을 일이다. 나는, 당신들을 혐오한다. 그 상징을 불태우고 넘어뜨리고 싶다. 그건 저 상징으로 인해 한때나마 흔들린 내 자신이 혐오스러워서다.

  인간은 생각하는 동물이라는 흔한 수사를 넘어보면, 인간은 그 생각을 구체화시킬 줄 아는 동물이라는 말로 연결된다. 그 구체화는 항상 제도로 수렴되었다. 결혼이라는 것도 그중 하나고 종교라는 것도 그렇고 공산주의라는 것도 그렇다. 그런데 인간은 아주 오래전부터 셀 수 없이 많은 제도를 만들었지만, 그로 인해 사람들이 사는 세상이 본질적으로 바뀌지는 않았다. 보기에 따라서는 더 잘 살고, 오래 살고, 더 편리해져서 좋아진 것이라 말할 수는 있겠지만, 그 세계가 점점 더 인간으로부터 멀어져 가는 것이 더 분명하다. 문제는 단 하나, 제도를 가지고 정신을 바꿀 수 없다는 사실 때문이다. 새로운 제도를 만들어 하나의 문제를 해결하면 머지않아 다른 문제가 생긴다. 마치 물 흐르듯 자연스럽게 말이다. 피할 수 없는 세계의 이치다. 이것을 깨닫지 못하고, 문제가 생길 때마다 그 원인을 제도에 두고, 앞의 것과 대립하며 더 많은 제도를 만들어내는 데만 몰두해 왔다. 그러면 또 문제가 생기고, 그 문제는 이전의 것보다 더 심각해진다. 이 과정이 끊임없이 이어지면서 사람 사는 세상은 짐승 사는 정글로 바뀐다. 거짓, 권력, 부패, 부도덕 그리고 폭력.

  이런 목소리를 담아내고 싶다. 물론 온전히 담아내기는 어렵다. 그렇지만, 다 담을 수는 없지만, 사진의 힘으로 이런 이야기를 할 수는 있다. 저 눈앞에 있는 장면을 어떻게 재현할 것인가? 그것을 어떻게 표현할 것인가? 대상에 대해서는 이미 결정을 한 상태다. 저 대상이 특별히 시간에 따라 변할 것도 없고, 저기 앉은 가난한 청년이 새삼스럽게 어디를 갈 일도 없다. 천천히 생각해 보자, 여러 가지로 시도해 보고. 대상은 그대로 있으니, 카메라 프레임 안에서 공간을 이리저리 분할해 보고, 카메라를 든 위치도 바꿔보고, 앵글도 바꿔보고 화각도 바꿔본다. 여러 가지로 시도해 보지만, 별 뾰족한 게 나타나지 않는다. 사진가가 저 대상 안에 직접 개입할 수 없으니 그 여러 가지 것들을 컨트롤하는 데 분명한 한계가 있어서이기도 하겠지만, 더 중요한 것은 사진의 정신이 사진의 물질에—사회로 치자면, '제도'가 되겠다.—그리 좌우되지 않을 것이라고 믿기 때문이다. 결국, 맨 처음에 본 대로 가자. 낫과 망치만 정중앙에 위치시키면 될 일이다. 생명력은 제도나 장치에 있지 않다. 중요한 것은 정신이다. 이런 마음으로 결정을 하고 마무리지었다. 그리고 결국 맨 처음 찍은 샷으로 이 장면 A컷을 삼는다. 10년 가까운 시간이 지났지만, 그때 그 현장을 엊그제 일같이 선명하게 기억할 수 있다. 대상에 대해 카메라를 들고 한 짧은 시간에 쏟아진 사유가 벵골만 오후 잠깐 쏟아지는 스콜 같아서 그렇다.

나는 사랑을 보았다

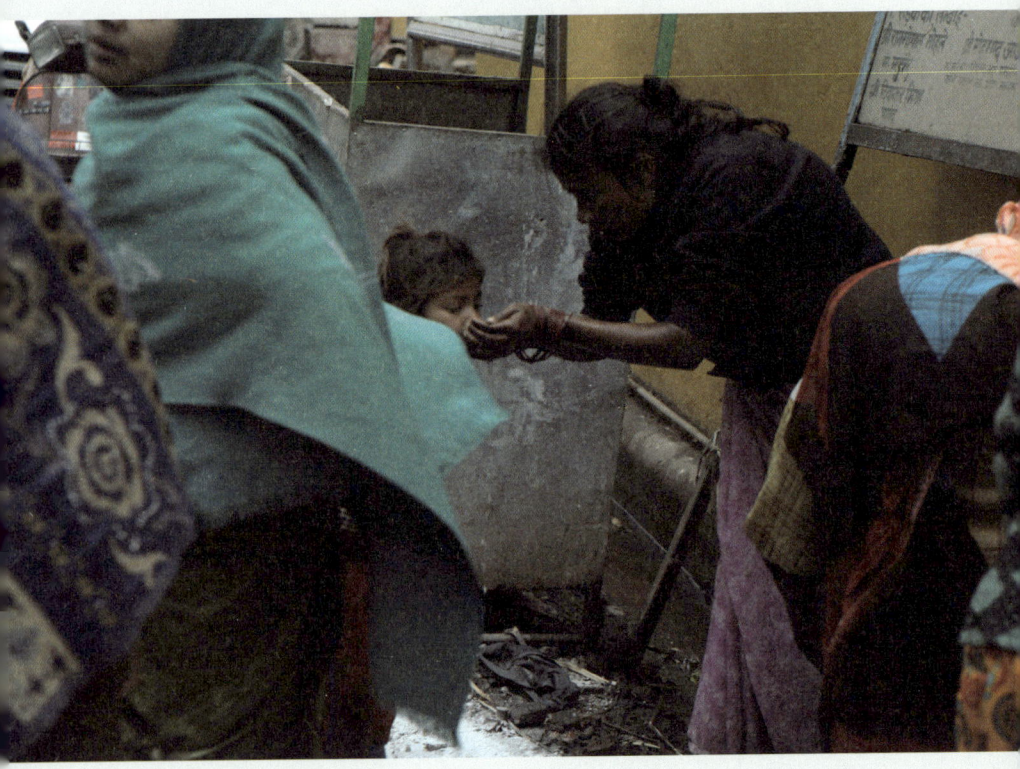

인도, 웃따르 쁘라데시, 바라나시, 2019

"당신이 그런 이유로 가슴 아파한다는 사실로 이미 충분합니다. 다만 당신이 할 수 있는 일을 하시면 됩니다. 그러면 그만한 보답은 있을 겁니다. 당신이 그만큼 심각하게 자기 자신을 깨달을 수 있었다는 것만 해도 이미 많은 일을 한 셈이지요. 그렇지만 지금 자신의 성실함을 칭찬받기 위해서 말한 것이라면 그것은 실천적인 사랑에 아무 성과도 거두지 못할 것입니다. 당신의 사랑은 오직 공상 속에서만 살이 있을 뿐, 당신의 인생은 마치 환영처럼 스쳐가 버리고 말겠지요."

— 도스토예프스키, 『카라마조프가 형제들』

앙리 까르띠에 브레송을 별로 좋아하지 않는 건, 사진에 있어서 결정적 순간을 좋아하지 않아서가 아니라, 그의 결정적 순간은 역사적 의미를 탈각시키는 것이고, 그가 그런 메타 역사관과 그를 기반으로 한 미학적 태도에 너무 경사되어 있어서 그렇다. 다큐멘터리 사진을 하는 사진가라면 누구든, 기록에 강조를 두든 문학적 표현에 강조를 두든, 다들 사진에 있어서 순간 포착을 하려 하는 것은 대동소이하다. 그렇지만, 장면 하나 하나에 미학만 있고 메시지에 의미가 없는 것에는 마음이 내키지 않는다. 설사 아름답지는 못할지라도, 미장센 수준이 좀 떨어진다 하더라도, 나는 의미가 담긴 사진이 좋다.

바라나시 갠지스 강둑을 이런저런 생각으로 왔다리, 갔다리 하다가 숙소로 돌아갈 요량을 하고 길을 접으려는 순간, 아주 지저분한 수돗가에 한 어머니가 자신의 딸에게 물을 먹이고 있는 걸 본다. 예의 인도 사람들 하듯 물을 받아 마실 용기容器가 없는 경우 손으로 받아먹으니, 이 엄마 또한 딸에게 자신의 손에 물을 받아 떠먹인다. 순간, 엄마 품에서 새끼에게 젖을 물리는 장면을 떠올린다. 그 모녀를 보는데, 사람들이 끊임없이 그들과 나 사이를 다닌다. 카메라로 저 둘만의 온전한 장면을 잡을 수 없다. 아이 머리와 엄마 손만 보이면 되지 않을까, 결정하고 셔터를 눌렀다. 사진이고 사람이고 중요한 건 메시지가 중심에 있기 때문이다. 사진은 온전하다고 생각하고 잡힌 장면에서 별로 감흥이 없고 뭔가 부족한 듯한 장면에서 나만의 감동을 받는 경우가 꽤 있다. 이론적으로 말하자면 그것은 사진이라는 게 결국 읽는 자의 풍크툼, 찔린 아픈 느낌과 기억으로부터 오는 아릿함이 가장 중요한 것 가운데 하나이기 때문이다. 달리 말하면, 우리가 사는 세상 장면 또한 정리되지 않아서 정리되어 있는 인위적인 모습은 아름다울지는 몰라도 느낌이 닿지 않는다. 감정은 자연에서 나온다. 감동 또한 자연에서 나오는 것은 두말 할 필요 없다. 자연이라면, 내 생각대로 재단하지 않는 것이라고 생각하고 산다.

사랑이란 무엇일까? 유일하게 남은 숭고라고 치는 어머니의 사랑을 제외하고 그 사랑이라는 게 보편적인 것으로 인류에게 여전히 유효할까? 이런 생각을 자주 하곤 한다. 숭고한 어머니의 사랑 같은 건 차치하고라도, 상대를 이해하고, 그래서 관대해지고, 그래서 연민을 느끼고, 그 위에서 행동하는 정도의 사랑이 살아 있기는 할까? 어떤 자잘하고 소소한 그런 것 말이다. 조국을 사랑하고 북녘 동포도 사랑하고 인류를 사랑한다는 그 엄청난 사랑 말고 말이다. 99살 먹은 아브라함의 하나밖에 없는 자식을 제사에 바쳐 죽이라는 그 엄청나고 놀라운 하나님의 사랑이라는 것은, 적어도 내겐 사랑이 아니다. 그것은 그 종교 집단에 속하는 사람들이 갖는 광기다. 소소한 일상에 연민을 갖지 않고 집단과 공동체에 목숨을 거는 건 집단 이기심이지 사랑이 아니다. 사랑이란 자유의 조건에서만 이루어지는 것이다. 뭔가를 이루어내야 한다는 강박의 조건과 성취의 틀 안에서 이루어내는 욕망은 사랑이 아니다. 상대의 아픔에 같이 눈물 흘리는 감정의 공유도 사랑은 아니다. 그저 이유도 모르고, 결과도 기대하지 않는 것, 연민 위에 선 소통, 이해하는 데서 오는 기쁨, 그것이 사랑이다. 제 아무리 극악한 사람도 최소한 가족은 사랑한다. 물론 세상이 별스러워지니 그렇지 않은 사람들도 꽤 있지만, 그래도 아직은 가족에 대한 사랑에 대해선 별 의심할 바는 없다. 그런데 우리는 바깥에서 온갖 추잡한 짓은 다하고, 집으로 돌아와 그 가족들과 더할 나위 없이 해피 스위트 홈을 꾸리는 사람들을 보곤 한다. 바깥에서 지위가 높고, 물질을 많이 가진 사람들일수록 그런 경향이 있다.

    나는, 그날 불교로 치자면, 저 여인으로부터 관음보살을 봤고, 기독교로 치자면 저 여인으로부터 성모 마리아를 봤다. 저 사랑에는 조국도 인류도 동포도 대자대비도 없고, 가진 것도 없지만, 두 사람 사이에 흐르는 뜨거운 생명이 있다. 저게 사랑이다. 사진으로 보고 나니, 생각이 스친다. 사랑의 장면이 쉬 보이지 않는 것은 그만큼 사랑을 보기가 어려워서뿐만 아니고, 사람들이 그에 대해 무관심하게 스쳐 지나가기 때문이다.

욕(欲)의 불은 새로움의 원천이다

인도, 비하르, 꾸쉬나가르, 2009

받거나 교환된 선물이 사람에게 의무를 지우는 것, 그것은 받은 물건이 생명이 없지 않다는 것이다. 증여자가 내버린 경우에도 그 물건은 여전히 그에게 속한다. 그는 그것을 통해서, 마치 그가 그것을 소유하고 있었을 때 그것을 훔친 자에게 영향력을 끼치는 것처럼 수익자에게 영향을 끼친다.

— 마르셀 모스, 『증여론』

붓다가 죽은 곳. 붓다의 가르침에 따라 욕欲의 불을 껐다 해서 입적入寂이라 해석하기도 하고, 니르와나nirvana로 들어갔다 해서 입열반이라 하기도 하고, 고苦를 멸滅했다 하여 입멸入滅이라 한 행위가 일어난 곳, 꾸쉬나가르Kushinagar에 갔다. 벌써 10년 전 일이다. 붓다의 가르침과는 전혀 다른 풍경을 목격한다. 황금 칠한 옷을 입고 죽은 붓다는 살아 역사하는 붓다로 누워 있었고, 온 사방이 그의 역사하심을 축원하는 봉헌으로 가득 찼다. 멀리서 아주 멀리서 만 리를 넘어 노구를 이끌고 온 신자들은 한 번만 더, 한 번만 더 붓다의 용안을 뵙고자 발을 동동 굴렀다. 붓다가 이를 알면 벌떡 일어나 예수같이 상을 엎어버리고 소리를 지를까, 혼자서 나긋하게 제자들이 지어낸 '나무아미타불'만 속으로 외울 뿐 그냥 누워 있을까? 만감이 교차했다. 많은 사진을 찍었다. 사진을 처음 배울 때라 거침없이 찍었다. 나중에 보니 이 사진 한 장 건진다. 나는, 왜 이 사진 한 장만 추려냈을까?

사진가가 갖는 심정의 가장 첫 번째는, 붓다는 사람들의 눈에 제대로 보이지 않는다는 것이다. 그 몸을 온전히 보여주지 않음으로써 그 메시지를 전달하고자 한 의도를 전달하고자 하는 것이다. 그러고는, 붓다가 제대로 보이지 않는 이유는 사람들에게 가려서 그렇다는 것을 말하고자 하는 것이다. 특히 중들에 의해 그러하다는 심정이다. 그 중들이 뒷모습으로 재현되었다. 그리고 이젠, 암울하다는 것이다. 붓다의 가르침이 변하고 새로운 가르침이 창조적으로 나왔다는 그 역사를 백분 인정하지만, 결국 붓다의 가르침은 온데간데없이 사라져 버리고, 붓다가 하지 말라고 하는 것만 꾸역꾸역 하는 사람들의 행태가 참으로 안타깝고 암울하다는 것이다.

해석이 다른 것은 좋다, 그렇다고 붓다가 신이 될 이유는, 아니 궁극적으로 붓다의 가르침이 종교가 될 이유는 없다는 생각이다. 그리하여 결국 인류사 전무후무한 스승의 가르침은 그저 그런 종교의 옷을 입고 화려하게 무대에서 활약 중이다. 어떤 사진은 표현 방식이 유치하고, 어떤 문법에 안 맞을 수도 있다. 구도와

톤의 문제가 있을 수 있다. 하지만, 가장 중요한 것은 사진가가 하고 싶은 말을 전할 수 있느냐이다. 그가 예술성을 추구하여 작품을 만들려고 한다면, 통상 그 세계에서 보편적으로 인정되는 어떤 기준을 따라야 할 것이다. 그렇지만, 그런 사진을 하고자 하지 않는 사진가라면, 굳이 그럴 필요는 없다. 자신이 추구하는 바에 따라 할 일이다. 거기에는 기준도 없고 상하 위계도 없고 권력도 없다, 상호 관계만 있을 뿐이다.

세상 돌아가는 이치는 결국 욕망으로 얽힌 관계에 있다. 욕망이 없다면 행위하지 않을 거고, 그러면 관계도 이어지지 않을 거고, 그러면 세상의 삶도 없다. 죽음이 있다는 것이 아니고, 세상 밖의 삶, 아무런 관계를 맺지 않는 절대 고독의 삶만 가능한 것이다. 그런데 그것은 절대 고독 속에서 싹을 돋우고 그 속에서 절대 고독으로 죽는 수밖에 없다. 세상에 대한 영향력이란 없다. 세상 안의 삶은 관계를 맺어 능력을 키우고 그것으로 더한 욕망을 키우려는 것이다. 그 과정에서 세상을 부인하고 절대 고독을 추구하는 것마저도 당겨 관계를 맺는다. 욕망을 버리는 것마저도 욕망 안으로 관계를 맺는 것, 그것이 욕망이다. 욕망은 인간의 본질이다. 그래서 인간의 역사는 변화다. 욕망은 변증법적으로 변태하여 커지고 그 변태된 새로운 욕망은 새로운 사회를 만들고 그것이 역사가 되기 때문이다. 욕망은 결핍을 채우기 위한 것이 아니고, 인간 본성이 구체화되도록 운동하는 힘 때문에 생긴다. 욕망은 단순한 소유를 하고자 하는 것도 아니다. 그것은 소유를 넘어 사회 내에서 위치를 확인하고 존재감을 부각시키려고 운동하는 힘이다. 사회의 근원이다.

욕망이 있는 관계를 무시하는 것은 새로움을 만들어낼 수 없다. 절에 가면 이판승도 있고 사판승도 있다. 두 존재 모두 중요하다. 그런데 정작 중요한 것은 시주 받치는 신도가 있어야 이판승도 있고, 사판승도 있다는 사실이다. 사진에는 사진작가도 있고, 아티스트도 있다. 그렇지만 사진 애호가, 아마추어 사진가가 있어야 그들이 산다. 그들이 사진을 즐기고, 소비해야 작가고 아티스트고 간에 먹고 산다는 것이다. 그들이 사진을 소비해야 예술도 살고 작품도 산다. 세상 일이 다 그렇다.

<u>나는 내 이야기를 하고 싶다</u>

인도, 웃따르 쁘라데시, 바라나시, 2009

> 아아, 님은 갔지마는 나는 님을 보내지 아니하였습니다.
>
> — 한용운, 「님의 침묵」

세상은 옳고 그르고가 명확하게 갈릴 수 없는 것으로 구성되어 있지만, 사람들은 옳고 그르고로 단정 짓는 것을 좋아한다. 옳으면서 그르고, 그르면서 옳은 세계의 이치를 이해하지 못한다. 아니, 더 정확하게 말하자면 그런 다중적이고 이질적인 세계를 이해하려 노력하지 않고, 막무가내로 거부한다. 남성 안에 여성이 있고, 밤이 품고 있는 새벽의 세계를 이해하려 들지 않는다. 그들은 옳은 것은 옳아야 하고, 틀린 것은 틀려야 한다. 현실이 어떻든, 진실이 어떻든 그건 관계하지 않는다. 오랫동안 군사 독재에 시달리면서 그 험난한 역사를 헤쳐오다 보니 그들을 닮아버렸다. 그 군사 독재자들에게 국가는 항상 옳고, 국가가 하는 일에 국민은 무조건 희생해야 했다. 그들에 저항한 민주 투사들은 한 번 길을 갔으면 그것으로 끝장을 봐야 했다. 중간에 그만 두고, 세계관이 바뀌면 변절자, 배신자로 전락한다. 그래서 오로지 의리고, 오로지 우리다. 한국 사회의 극단 대립과 갈등은 여기에서 나온다.

사진은 이와 크게 다르다. 이미지 안에 그것을 구성하는 여러 요소들은 있는 현상 그대로이지만 사진가의 시각이 그 안으로 들어가면서 의미 부여가 새롭게 이루어진다. 사실은 더 이상 사실이 아니고, 해석으로 바뀌어 버린다. 사진가는 사진이 어떻게 보여야 하는지를 결정하는 사람이다. 있는 세계를 그대로 재현하는 사람이 아니라는 것이다. 그래서 자신의 방식대로 눈에 보이는 세계를 프레임 안에서 재배치하기도 하고, 노출이나 톤을 조절하여 자신이 원하는 그 이미지가 나올 때까지 계속해서 찍는다. 화가가 캔버스에 붓질을 수도 없이 하고, 마음에 안 들면 찢어버리고, 다시 하고, 도공이 도자기를 굽고, 깨버리고, 다시 굽고 하는 것과 전혀 다를 바가 없는 자기 시각에 따른 해석을 하기 때문이다. 그 어떤 사진이라도 그 해석이 없는 것은 없다. 그 해석이 객관이나 평균 혹은 일반이라는 범주가 만든 목소리를 그대로 따르는 경우도 해석이고, 전통을 파괴하고 도저히 받아들일 수 없는 방식으로 목소리를 내는 것도 자기 해석이다. 그 해석을 어떻게 하느냐는 건 전적으로 그 사람이 결정해야 할 문제다.

피부가 검은 흑인의 피부색은 그 사람의 개별 속성으로 보이지만, 사실은 그의 피부색이 백인과의 관계 속에서만 흑인이 된다는 사실에 대해서는 별로 주목하지 않는다. 그 '흑'이라는 사실은 빛을 매개로 우리 눈이 반응한 그리고 다른 '백'과의 관계 속에서 인식한 현상일 뿐, 그 사람의 고유 속성이라고 할 수는 없는데도 사람들은 그렇게 인식하지 않는다. 그렇게 파악하는 것은 지독한 인종주의 사회에서만 주목받을 뿐이다. 그럼에도 그것이 마치 원래부터 그러한 것처럼 규정을 한다. 우리가 지금 가진 많은 시각들이 아주 오래전 고대 사회에서는 전혀 나타나지 않았음에도 마치 그때에도 통용된 것으로 착각을 하는 경우가 많은 것과 마찬가지다. 예의나 도덕이 그렇고 여성의 위치가 그렇고 종족으로 편 가르기가 그렇다. 많은 현상이 지금 우리 시대가 만들어낸 하나의 사회 관계 현상일 뿐이다. 근대 이후 사회가 만들어낸 전통인데도 그것이 마치 고대 사회에 있었던 것인양 부회하는 것이다. 그것은 신화를 만들어내 권력을 취하려는 것이다.

2009년 바라나시Varanasi를 찾았다. 카메라를 들고 릭샤(자전거 인력거)에 올라타 시장통을 돌아다니던 때다. 릭샤가 신호등에 맞춰 정지하는데, 교통순경 옆에 선다. 그러자 바로 내 눈높이에 경찰의 총이 들어온다. 그때 나는 며칠 동안 인도가 테러와 종교 공동체 갈등이 심각한 사회정치 문제로 번져 가고 있음을 걱

정하던 때였다. 무슬림을 살육하고 권력을 잡은 정권에 저항하여 파키스탄의 테러리스트들이 인도까지 처들어와 호텔을 점거하여 테러 인질극을 벌인 지 몇 개월 지나지 않은 때여서 마음이 무겁고 또 무거웠다. 그런 생각에 빠져 있던 터라, 총을 보니 바로 카메라로 포착하고 싶은 생각이 들었다. 사실, 저 총은 내가 걱정하는 그 공동체 간의 폭력 갈등과 아무런 관계가 없다. 그저 교통순경으로서 갖추고 있는 평상의 일부다. 하지만 나는, 내 이야기를 하고 싶다. 그래서 저 경찰의 총을 한 중심에 놓고 찍었다. 사실은 진실과 관계없이, 카메라를 든 나에 의해 철저하게 해석되고, 전유되었다. 나는, 사실을 보는 것이 아니고 내가 보고 싶은 것을 본 것이다. 사진을 통해 실재하지 않는 세계를 상상하였고, 그 상상을 통해 역사에 참여하였다. 사진은, 다만, 말을 하지 않으니 그 속내를 아무도 모를 뿐이다.

제2부

봄 안에 자리 잡은 욕망

• • • •

• • • •

• • • •

• • • •

　　세상이 돌아가는 이치는 무엇일까? 나는, 욕(欲)이라 본다. 욕이 없다면 행위 하지 않을 것이고, 그러면 어떤 관계도 만들어지지 않을 것이며, 그러면 세상의 삶도 없을 것이다. 욕의 삶을 부인하고 세상 밖으로 나가 절대 고독 속에서 궁극을 추구하는 사람들이 있고, 그들 가운데 많은 이들이 개인으로서 욕을 제어하는 삶에 도달하긴 했다지만, 그것의 최대치는 결국 개인 차원에서일 뿐이다. 그들의 제자는 결국 다시 세상 안으로 들어와 관계를 맺게 되니, 욕을 버리는 것을 부정하는 기제는 이전보다 더 강고하게 되어 더욱 세상적으로 되고, 그 안에서 욕은 더욱 커진다. 이러한 도돌이표의 인류사는 인간 삶의 뿌리가 절대적으로 욕에 있음을 보여주는 것이다. 인간의 역사가 변하는 것은 바로 이 때문이다. 욕망은 변증법적으로 변태하여 커지고 그 변태된 새로운 욕망은 새로운 사회를 만들고 그것이 역사가 된다. 역사는 결국 욕망을 통해 인간 본성이 구체화되도록 운동하는 힘의 궤적이다. 우리는 누구든 시간이 흐르고 그것이 역사를 만들어내는 한 욕망을 버릴 수는 없다.

내가 안간힘을 다해 잡으려, 잡으려 애쓰는 그 욕은 나를 변화시키는 본질이 된다. 나에게 세계는 거울이나 창에 비친 아무런 에너지가 없는 반영이 아니다. 누군가가 정해 준 도덕이나 질서에 따라 누구라도 그러하듯이 살아가는 그런 삶이 아니고, 나의 욕이 추동하여 끊임없이 변화하고 운동하는 것이다. 인간은 그 세계 한가운데 고독하게 서 있는 독자적으로 완전한 존재다. 그리고 그를 둘러싼 그 세계는 나와 우리가 만드는 변화하는 어떤 비실체적 실체다. 그래서 욕은 인간이 살아나가는, 인간을 품어 움직이게 하는 자연의 일부다. 애써 살아가는 욕을 집착으로 규정하는 것은 세계를 환(幻)으로 보는 것이다. 소수가 만들어낸 초월성 혹은 신에 굴복한 '봄'이 만들어내는 세계 안에서의 일이다. 그 안에서 인간은 희생을 강요당하고, 그 강요 위에서 희생당한 자는 신화로 포장된다. 그리고 그를 희생시키는 공동체는 물질의 번영을 만끽한다. 그러나 그 번영은 소수의 것일 뿐이다.

카메라는 눈앞에 보이는 실체를 아무 본질 없는 허탄한 이미지로 만들어버리는 기계다. 그런데 사람들은 그 허탄한 이미지를 어떤 실체가 있는 본질로 삼는다. 그 위에서 진실을 규명하고, 남의 '봄'을 규정하고 판단하고 그것으로 사람마저 재단한다. 그리고 권력이 된 어떤 소수가 정한 문법 위에서 그 '봄'의 가치를 평가하고, 그것으로 권력과 부와 명성을 쌓는다. 본질적으로 사람도 없고, 삶도 없고, 사랑도 없는 이미지의 세계 안에서 누군가 쌓은 권위 아래로 스스로들 굴복하여 들어가고 줄을 선다. 욕망이라는 사람이 살기 위해 가동시켜야 할 에너지가 이미지에 덮여 사람을 억누르는 수단으로 전락되는 것이다. 이 시대, 우리는 카메라를 어떻게 써야 할 것인가, 곰곰이 무겁게 고민해야 할 부분이다.

버린다, 바란다

인도, 마디야 쁘라데시, 옷자인, 2019

김 교수님이 새로운 학설을 발표했다

소리에도 뼈가 있다는 것이다

모두 그 말을 웃어넘겼다, 몇몇 학자들은

잠시 즐거운 시간을 제공한 김 교수의 유머에 감사했다

학장의 강력한 경고에도 불구하고

교수님은 일학기 강의를 개설했다

호기심 많은 학생들이 장난삼아 신청했다

한 학기 내내 그는

모든 수업 시간마다 침묵하는

무서운 고집을 보여주었다

참지 못한 학생들이, 소리의 뼈란 무엇일까

각자 일가견을 피력했다

이 군은 그것이 침묵일 거라고 말했다

박 군은 그것을 숨은 의미라 보았다

또 누군가는 그것의 개념은 중요하지 않다고 했다

모든 고정관념에 대한 비판에 접근하기 위하여 채택된

방법론적 비유라는 것이었다

그의 견해는 너무 난해하여 곧 묵살되었다

그러나 어쨌든

그 다음 학기부터 우리들의 귀는

모든 소리들을 훨씬 더 잘 듣게 되었다.

—기형도, 「소리의 뼈」

    버린다는 것은 바란다는 것이다. 고대 인도에서 세상을 버리고 나가는 사람들은 우선 이름을 버렸다. 그것은 가족을 버렸음을 보여주는 것이다. 가족은 떠나온 속세의 뿌리이기 때문에 그 상징으로서 가족의 정체성을 드러내는 이름을 버리는 것이다. 집안에서 남자가 죽으면 여자는 장신구를 버린다. 세상을 정상적으로 살 수 없음을 보여줌으로써 남편이 죽게 된 죄를 사하여 줄 것을 신께 바라는 것이다. 집안에서 어른이 죽으면 머리카락을 버린다. 그가 이 세상에 더 이상 존재하지 않고, 다음 세상으로 고이 가는데, 자신이 소유하고 있는 것 가운데 가장 소중한 것을 버리면서 명복을 비는 것이다. 화장터에 놓인 장작더미 위에 머리카락을 던져줌으로써 그는 강을 건너 남쪽 염라의 세계로 가는 것이다.

    버린다는 것이 바란다는 것은 간절함을 보여주는 것이다. 아이가 태어나서 건강하게 잘 자라기를 바라는 부모 마음보다 더 간절함이 또 있을까? 세 살이 되기 전에 부모는 아이의 머리카락을 완전히 밀어준다. 그러면서 복을 구한다. 집안에 큰 복을 구해야 할 일이 있을 때 집안을 이끌고 나가는 여성이 머리카락을 자른다. 성스러운 사원에서 자르면 신의 마음을 더 크게 움직일 수 있고, 머리카락이 길면 길수록 그 정성은 더 큰 신의 감화를 얻어낼 수 있다. 여인이 그 긴 머리카락을 밀어 신의 제단에 바치는데도 신이 마음을 움직이지 않을 수 있을까? 그런 신이 없기도 하지만 분명히 있기도 하다. 신이란 인간의 바람이 투영되어 만들어진 존재이기 때문이다. 인간의 바람이 강하면, 신의 저주는 커진다. 그 신을 만들어낸 사람이 그 약한 인간의 바람을 알고 있기 때문이다.

힌두교 성지를 다니다 보면 삭발을 한 남자를 많이 본다. 그 사정이 뭔지는 정확하게 알 수는 없지만, 하나 분명한 것은 그이가 매우 절실하게 뭔가를 신에게 바라기 때문에 자신의 머리카락을 버렸고, 그 절실함을 실현하기 위해 이 성지까지 와서 신에게 빈다, 라는 사실이다. 삭발은, 그래서, 특정 문화 내에서 일어나는 커뮤니케이션의 한 방식이다. 그런데, 그것이 참 계산적이더라는 것이다. 인간이 신에게 그 가호를 바라면, 그만큼 뭔가를 줘야 한다는 매우 단순한 계산의 법칙이 깔려 있다. 사랑을 받으려면 사랑을 해야 하고, 사랑을 한다면 얼마나 사랑하는지를 보여줘야 하고, 그 사랑함을 보여주려면 자신이 갖는 뭔가를 희생하는 것을 보여주는 것이 사랑의 기술이자 법칙이라는 메시지가 사회에서 통용되는 것이다. 그것이 인간과 신의 사이로 반영되는 것이 종교다. 그것이 이루어지지 않으면 신으로부터 사랑은 오지 않거나 한 술 더 떠 보복이 오기도 한다. 신의 저주는, 그래서, 항상 상수다. 신과 인간의 관계는 인간과 인간의 관계만큼이나 감정적이고 이기적이다. 우리는 이러한 사실을 힌두교 이외의 세계 곳곳의 종교 문화를 통해서 쉽게 읽어낼 수 있다.

이러한 인간적인 참으로 인간적인, 신과의 세계에조차 적용이 되어야 하는 그 인간적인 계산의 이치를 사진으로 재현을 해야 하는데…… 참으로 고민이 깊다. 여러 방식으로 재현을 고민해 보다가, 저 삭발한 머리, 쉬바Shiva 신의 머리에서 갠지스 강이 나온 그 신화에 따라 머리카락 한 가닥을 남겨놓은 저 충성스러움을 또렷이 아주 또렷이 보여주는 게 가장 좋은 방식일 것이라는 결론에 이른다. 카메라의 초점을 머리카락에 집중한다. 포커스인focus-in이 되자 주변 사람들이 모두 흐릿해진다. 다 사라져버리는 것이다. 사진에서 포커스를 받지 못하면 존재감이 흐릿해지는 게 실제 세상에서의 이치와 같다. 존재감을 인정하지 않음으로써 화제 바깥으로 내보내버린다. 이미지는 사진가의 의도를 전달하는 수단이다. 나는, 그렇게 사진을 찍고, 거기에 가장 많은 의미를 부여한다. 때로는 그 이미지를 통해 사실 적시를 하는 경우도 있고, 때로는 사실 적시 해서는 안 되는 담론을 풀어놓는 경우도 있다.

그런데 그때 사진이 보여줄 수 있는 것은 일련의 기호밖에 없다. 그 기호가 삭발을 한 어느 머리라면 그것이 의미하는 바는 여럿일 수 있다는 생각을 가져야 한다는 사실이 중요하다. 삭발을 한 머리가 문화적으로 볼 때는 버림-바람의 의미가 되는 건 분명한 사실이지만, 그 머리라는 기호를 보여주는 사진이 꼭 그 버림-바람의 관계를 말하고자 한다고는 말할 수 없다. 그건 그 사진가가 어떤 생각을 하고 있는지를 분명하게 알기 전에는 제대로 알 수 없다. 그 이전에는 사진을 읽는 독자가 마음껏 해석을 해보는 것도 좋다. 그 해석과 사진가의 의도가 일치하면 하는 대로 좋고, 일치하지 않으면 또 그것대로 좋다. 두 방식 모두 존중받아야 한다. 그것이 사진 세계의 이치다. 그 어떤 경우라도, 적어도 나는 내 사진을 통해 사진이 이렇다 혹은 이래야 된다, 혹은 이렇게 읽어야 한다, 라는 것을 가르치지 않는다. 커뮤니케이션이라는 것은 하나의 방식이 아닌데다가, 상대방에게 그 해석의 권리를 주어야 한다고 생각하기 때문이다. 사진의 생명은 커뮤니케이션에 있다.

봄의 이치

인도, 웃따르 쁘라데시, 아그라, 2018

> 이것은 해석이지, 텍스트는 아니다.
>
> — 니체, 『선악의 저편』

보고 싶은 것만 보는 것이 '봄'에 관한 이 세계의 이치다. 사진을 매개로 하여 말하자면, 보고 싶은 것만 보는 것이 아니고, 있는 사물에 대해 사람의 눈으로 보는 것을 벗어나 카메라의 눈으로 보고 싶은 것을 보는 것이다. 더 정확하게 말하자면, 카메라의 눈을 통해 내가 말하고 싶은 것을 사람들이 보도록 재현하는 것이다. 인간의 눈과 카메라의 눈은 모두 절대적인 것은 아니다. 기계라 하더라도 결국 그것을 어떻게 조절하느냐 즉 관점에 따라 달라진다. 대상 가운데서 무엇을 보느냐부터 이 관점에 따라 달라진다.

이와 관련하여 힌두 세계의 봄에 대해 생각해 본다. 인간이 그렇게 보는 것은 신이 자신의 모습을 그렇게 드러내는 것이니 그의 뜻에 따라 그 성안 聖眼을 알현하는 것이다. 인간은 신의 본질을 볼 수 없으니, 돌을 깎아 만들든, 나무를 잘라 만들든, 붓으로 그리든, 카메라로 찍든 그 상을 만들어 그 신을 보는 것이다. 그 안에는 신이 자신의 본질을 드러내주는 성안의 '보여줌'이 있고, 그 연후에야 비로소 인간이 하는 알현의 '봄'이 가능해지는 것이다. 보여줌과 봄은 둘이 아닌 하나가 되는 것이다. '봄'과 '보여줌'과 '보임'의 세계, 그것은 신에 대한 알현은 인간의 주체이지만, 신의 주체이기도 해서 결국 하나가 되어 가능해지는 것이다.

'봄'의 문제는, 그래서 그 자체로서 충분하다. 인간을 보든, 자연을 보든, 신의 상을 보든 그것은 본질이 드러내는 것을 알현할 뿐이다. 그것을 숭배하거나 보존하거나 하는 것은 어떤 우열을 가리거나 그 질의 규정을 하는 것은 아니다. 드러난 모습을 보지 말고 보이지 않는 본질을 봐야 하는 것이기 때문이다. 그런데 사람들은 그 본질을 알현하려 하지 않고, 드러난 모습을 숭배하려 든다. 변할 수밖에 없는 유한한 것을 숭배하려는 것은 자신의 욕망을 다스리지 못해서 하는 짓이다. 종교가 그렇고, 사진하는 것도 그렇다. 사진으로 말하고자 하는 것이 무엇인가? 당신은 카메라라는 도구로 뽑아낸 이미지로 무엇을 말하려 하는가? 왜 그 많고 많은 도구 중에 사진이라는 것을 택하는가? 그 카메라로 무엇을 말하려 하는가? 사진가는 가장 우선적으로 이에 대해 대답을 해야 한다.

여인들이 최고로 좋은 날, 최고의 꼬까옷으로 치장하고 나섰다. 힌두 남성성이 아주 강한 라즈뿌뜨Rajput 힌두 여인들이 이슬람 유적지 타지마할을 새해 첫날 찾은 것이다. 해외토픽의 시각으로만 보면 힌두 여인들이 왜 새해 첫 날 무슬림 유적지를 찾을까, 의아해할 수도 있지만, 그러한 시각은 자신이 세계를 보고 싶은 것만 보는 것일 뿐이다. 사실은, 저 여인들은 이곳이 힌두 유적지든 무슬림 유적지든 상관없이 그냥 친척 일가와 함께 유람 나온 것이 전부다. 산다는 것이 다름 아닌 평범한 일상을 사는 삶일 뿐. 종교가 이렇네, 저렇네 하는 것은 정치인들이나 하는 짓이지, 저 순박한 사람들과는 관계가 없다. 보는 것이 힌두 유적이든 이슬람 유적이든 그것이 뭐가 중요한 일이겠는가? 그 생김이 힌두 신상이든 이슬람 유적이든 그 안에서 내가 보고 싶은 것을 보여주시는 신의 모습으로 알현하면 될 일이다. 그날 그들이 알현한 것은 일가친척 모두 모여 즐겁게 나들이 하는 것이 신의 뜻이고, 그 신의 뜻은 이슬람 유적을 통해서도 신이 보여주시니 그것을 알현하면 될 일이었다.

갓난아이들을 안고 서 있는, 그러면서 스카프로 낯을 가린 저 젊은 여인네들의 울긋불긋한 저 옷들의 향연을 보면서 탈경계의,

분간할 수 없는 세계를 보았다. 선과 악, 미와 추, 옳음과 그름, 정의와 불의, 구원과 단죄…… 끝없이 이어지는 둘로 나뉜 세계를 과연 구별할 수 있을까? 결코 하나로 합체하지 않는, 그러면서 상황에 따라 그 둘이 조합해 나가는 것이 달라지고 그 결과로 나타나는 현상은 또 변하는 세계. 결코 분리할 수 없는 이 세계를 둘로 쪼개어 처단하고, 단죄하고, 지옥 불 못에 빠트리고, 독점하고, 배제하면서 우리 사는 세계를 악의 터로 만들어버림을 읽는다. 저 여인들이 무엇인지, 무슨 장면인지, 무엇을 말하려 하는지, 무엇을 드러내려 하는지, 그 속내는 무엇인지를 나는, 알지 못한다. 세계는 사진에 나타난 저 여인네들처럼 규정할 수 없다. 본질 없고, 실체 없는 영원한 변화가 끝없이, 끝없이 펼쳐지는 곳이다. 그것을 나는, 알지 못한다. 그 안에서 욕망은 검버섯처럼 커져 간다. 그것이 악이다. 인간이 악이니, 세계가 악이다. 어렴풋이 알 뿐이다.

'봄'과 '보임' 그리고 '보고 싶은 것만 봄'의 차이는 일관성에 대해 어떻게 사유하는가에 달려 있다. 그 세계는 정체성에 있지 않고, 실체의 세계에도 있지 않다. 모든 게 보기 나름이고, 보이기 나름이고, 재현하여 보여주기 나름이다. 카메라를 가지고 사유할 수 있는 최고의 인문은 '봄'의 세계다. 당신, 카메라를 든 당신은 세계에서 무엇을 보는가? 무엇을 보여주려 하는가? 당신이 보고 싶은 것을 어떻게 보여주려 하는가?

신들의 주사위 게임

인도, 웃따르 쁘라데시, 알라하바드, 2019

단숨에 목숨을 걸고 뛰어올라 궁극에 도달하려는 데서 오는 피로감, 이제 더 이상 아무것도 바라지 못하는 저 가련하고 무지한 피로감, 이것이 모든 신들과 세계 너머의 세계를 꾸며낸 것이다.

— 니체, 『차라투스트라는 이렇게 말했다.』

세상에는 아무런 가치가 없다고 생각해 세상을 등지고 산으로 가서 수행을 하는 사람들이 있다. 인도에만 있는 개념이다. 그들이 12년에 한 번씩 잠깐 산에서 내려와 모인다. 갠지스 강과 야무나 강 그리고 전설 속에 있는 사라스와띠 강, 세 강이 만나는 성스러운 곳에서 만난다. 정부는 이들이 묵을 거처를 강 주변에 엄청난 규모로 마련해 준다. 그들이 묵는 거처는 그들의 유명도에 따라 그 크기가 정해진다. 유명한 수행자들의 거처는 정말 화려하고, 의자도 크고, 시종 같은 제자들도 있다. 뿐만 아니라 거처는 알록알록 온갖 치장을 다 한다. 저 수행자는 선글라스까지 꼈다. 죽은 사람을 화장해서 나온 재를 온몸에 발랐는데, 선글라스를 끼고 있으니 좀 부조화다. 재를 바르는 건 공수래공수거로서의 죽음의 의미를 담는 행위인데, 화려한 치장을 하는 건 아무래도 좀 부자연스럽다. 세상 밖으로 나가는 행위조차도 세상 일의 하나일 걸로 보면 이해 못할 바 없지만, 좀 그렇다. 세상일이라는 게 다 모순 덩어리가 아닌가? 세상을 포기하는 것이 세상의 권력이 되는 것, 그건 세상 돌아가는 이치 가운데 빠질 수 없는 중요한 이치다.

사진을 막 찍으려는 순간 왼쪽에 있는 사람이 불쑥 들어와 버렸다. 그래서 사진을 망쳐버렸다. 후보정을 하면서 지워버릴까 생각하다가, 그냥 두기로 했다. 그리고 그 장면을 다시 찍을 생각을 하지 않았다. 저 수행자에 대한 예의 차원에서였다. 비록 수행자가 사진을 찍지 말라고는 하지 않았지만, 아무래도 그를 원숭이 사진 찍듯 해서는 안 될 것 같아서였다. 더군다나 그가 내 카메라에 의해 조롱당할 이유는 없다. 저 수행자의 속내를 들여다보지 않고 지나가는 산보객의 느낌으로 그와 그들 문화를 내 마음대로 재단해서는 안 된다고 믿는다. 아니 어쩌면, 내가 하고 싶은 이야기는 불쑥 끼어 들어온 저 '침입자'가 있는 이 사진에서 더 적절하게 할 수 있을지 모르겠다고 생각을 했다. 비록 미학적으로는 수준이 현격히 떨어지는 이미지가 되어버렸지만, 내가 하고 싶은 말을 전달해 주는 존재자로서 좋은 기능을 하기 때문이다. 세계는 모순 덩어리고, 그 세계는 우연으로 점철되어 있다. 나는, 이 말을 하고 싶다. 재로 회칠을 한 수행자의 하얀 몸과 온갖 장식과 선글라스로는 모순과 부조화를 말할 수 있으니 그로써 충분한다. 그런데 그 모순의 세상이 존재하는 것은 세상이 우연에 의해 운항되는 것이라고 생각하는데, 그 우연의 이치를 저 '침입자'가 보여줄 수 있어서 만족이다. 사진을 구성하는 물성의 차원에서 볼 때는 수준이 떨어지겠지만, 내가 하고 싶은 메시지를 전달하는 데 더 맞춤이기 때문에 나는, 이 사진을 고른다.

 세상에서의 어떤 행위는 내 자신도 그렇고 남도 그렇고 모두 자신의 의지에 따라 일어난 것이 아니다. 자신이 의지로써 강하게 행위했다 하더라도, 사실은 보이지 않고, 파악할 수 없는 어떤 우연이 발생하지 않았다면 그 행위는 생겨날 수 없기 때문이다. 에컨대, 내가 탄 지하철에서 성추행 사건이 발생한 것은 내가 그 자리에 우연히 있었기 때문에 발생한 것이다. 이를 달리 설명할 방법은 없다. 결국 세계는 부지불식간의 연쇄다. 숙고, 신념, 이성, 필연, 결정, 이런 것들은 근대성과 과학이 만들어낸 신화에 불과하다. 인간세는 과학과 이성으로 판단할 수 없다. 그것을 과학과 이성으로 판단하기 때문에 인간은 만물의 영장이 되고, 세계의 정복자가 된다. 종種을 초월한 지구의 모든 존재와 불화하고, 죽이는 만행은 인간의 의지와 이성이 역사를 추동한다는 오만에서부터 출발한 것이다. 절대 선은 없다, 절대 이성도 없고. 그것은 신화일 뿐이다.

힌두 최고의 서사시 『마하바라따Mahabharata』에서는 절대 절명의 전쟁을 놓고 주사위 게임을 한다. 세상 운항의 이치 가운데 우연을 능가하는 것은 없다는 메시지다. 그 안에서는 인간은 물론이고 신 또한 우연이 필연인 우주의 법에 따라야 하는 유한한 존재다. 그 신에 대해 인간은 저항할 수 있다. 우연이라는 것이 있기 때문에 가능한 일이다. 우연 안에서 인간이 살고, 신이 죽는다. 우연이 작동해야 신은 불완전한 존재가 되는 것이다. 그래야 인간은 신으로부터 자유로워지고, 그 안에서 인간의 능력이 계발된다. 반듯하게 정리되는 것, 이성과 과학이 만드는 세계, 그 안에는 인간이 없다. 그들은 마치 세계가 인간에게 적합하도록 창조된 것처럼 착각하며 산다. 우리가 사는 현 세계가 그러하다. 가슴이 답답하고 먹먹해진다.

붓다가 저 모습을 보면 허탈해할까?

인도, 비하르, 보드가야, 2009

> 삶은 수많은 조각으로 이루어져 있고, 각 조각들은 따로 따로 분리되어, 하나의 전체로서는 어떤 의미도 갖지 않는다. 개인은 조각 그림 맞추기를 하는 어린아이처럼 이 조각들을 끌어안은 채 혼자 남겨진다.
>
> ― 에리히 프롬, 『자유로부터의 도피』

 세상에 의미가 없어서 그 세상을 떠나고 그 세상 밖에서 뭔가 의미를 찾아보라는 것이 붓다의 가르침의 출발이다. 붓다는 그 가르침이 제자들 속에서 변할 줄 알고 있었다. 아니나 다를까 사람들은 역시 그 가르침을 여지없이 완전히 새로운 것으로 변화시켰다. 제자들에 의해 붓다의 깨달음은 허무함으로 변하였고, 그 자리에 붓다에 대한 숭배만 꽃피웠다. 세상은 모두 인연으로 엮여 있되, 그 인연은 모두 공空이 되었다. 어차피 붓다와 같이 세상을 버리지 못하는 삶이라면, 깨달음을 추구하지 못할 삶이라면, 홀로 고고하게 살지 못할 삶이라면, 세상과 타협하여 살아가야 하는 것으로 바뀌었다. 죽은 자식을 위해 해줄 수 있는 것이 아무

것도 없다면 그 명복이라도 빌어주는, 그가 극락왕생하라는 믿음이라도 갖고 사는 게 옳은 게 아닐까? 붓다의 가르침은 이렇게 새롭게 해석되었고, 그 새로운 해석은 종교의 문을 활짝 열었다. 붓다는 자신이 보는 세계관을 강요하지 않았다. 죽는 날까지 제발 그런 자세를 견지하라고 신신당부하였다. 제자들은 세계를 달리 보았다. 충실한 붓다의 제자로서 자기 관점을 계발하였고, 그 사이에서 붓다의 관점은 부인되었다. 그런데 그 새로운 해석은 또다시 새로운 해석으로 부인되어야 하는데, 그만 붓다를 신으로 숭배하는 것으로 자리를 잡아버렸다. 신이 나타나고, 말씀은 깨달음을 향하는 방편이 아닌 계시의 방편으로 작동하였다. 사람들이 게으름 안에서 자기 스스로를 속이는 전략으로 계발한 것이다. 그 안에서 신에 대한 복종, 노예로 살아가는 기쁨을 누린다.

신의 귀환이자, 인간의 사망, 이것이 바로 인간의 역사다. 인간은 사회적 동물이라는 것을 달리 생각해 본다. 인간은 주변으로부터 홀로 설 필요 없는 완전한 자유를 추구하지 않는다는 말로 해석할 수는 없을까? 뭔가를 사랑한다는 것이 독립 상태에서도 가능한 것일까? 사랑은 결국 충성이 되고, 다시 복종이 되고, 다시 예속이 되고, 결국 노예가 되는 것이니 모든 것을 바쳐 사랑한다 함은 사랑에 대한 책임을 지지 않겠다는 것이다. 나 자신에게 주어진 모든 권한을 포기하겠다는 것이다. 더 이상 인간이 만든 세계의 주인이 되고 싶지 않다는 것이다. 그 주인의 자리에 신을 앉혔다. 신이라고 부르는 그 주인 앞에 인간은 복종을 맹세하고, 세상 사람들과의 관계 단절을 맹세한다. 개는 자기를 버리고 간 주인을 비가 오나 눈이 오나 바람이 부나 목숨이 붙어 있을 때까지 그 자리를 떠나지 않고 기다린다. 오지 않을 그 주인을. 바로 신에 대한 인간의 모습이다.

헝클어진 매듭은 풀어야 하는 것이다. 풀려 하지 않고 칼로 잘라버리는 것은 헝클어짐을 포기하는 것이고, 그 헝클어짐에 대한 포기는 사람이 사는 세상을 만드는 것을 포기하는 것이다. 포기는 세상을 의미도 없고, 뿌리도 없고, 본질도 없는 것으로 보는 관점 안에 있다. 오로지 저 세상, 아침 이슬과 같은 맑고 고요한 세상을 바란다는 것밖에 없다. 악의 꽃은 극락에서 핀다. 그 무한한 욕망 안에서 핀다. 그곳이 천당이든 극락이든 파라다이스든, 사람들이 그리워하는 항상 그 청정하고 고요하고 가지런한 곳, 그런 곳은 없다. 다만, 완전한 예속 안에만 있다. 다른 사람과 함께 살아간다는 것은 기쁨의 원천일 수도 있고, 슬픔과 고통의 원천일 수도 있다. 그렇지만, 인간이 되기 위해서는 반드시 거쳐야 할 기본 전제다. 주변과 논쟁하고, 갈등하고, 찾고, 좌절하고, 일어서는 과정 속에 사람다움이 있다. 당신은 그 헝클어짐을 포기하고, 그 매듭을 잘라버리려 하는가?

아주 지체 높은 티베트 승려 한 사람이 오는 모양이다. 보드가야 전체가 휘황찬란하게 단장이 되었다. 극락이 있다면 저렇게 생겼을까? 새벽이 오기 전부터 사람들은 채비를 하고 저곳에 모여 한도 끝도 없이 절을 해댄다. 독송을 하고, 염불을 하고, 갖은 방식으로 의례를 한다. 텔레비전으로 중계도 한다. 지체 높은 그가 오니 경비가 삼엄해지고, 금줄이 쳐지더니 경호가 선다. 일부는 그 금줄 밖으로 쫓겨난다. 모든 이가 멀리서 마음을 졸이며 그 말씀을 '본다'. 그들에게 그의 말씀은 듣는 게 아니고 보는 것이다. 붓다가 저 모습을 보면 얼마나 허탈해할까? 아니면 그 정성에 아주 흐뭇해할까? 신이 되어 저 찬란한 불빛에 앉아 있는 당신의 모습을 보고 열린 방편에 대해 뿌듯해할까 아니면 어리석은 중생에게 좌절하여 고개를 떨굴까? 그 붓다를 뫼셔 놓고 기분이 어떠신지 한 번 들어보고 싶었다. 사진 안에 보이는 신이 된 붓다는 말이 없지만, 그 침묵 안에 그의 목소리가 들린다. 이것이 사진하며 사유하는 길이다.

세계가 환(幻)이 아닌 이유

인도, 델리, 2017

> 욕망을 어떤 정서에 따라 어떤 것을 하도록 만드는 것으로 여기는 한, 욕망은 인간의 본질 자체이다.
>
> — 스피노자, 『에티카』

　눈으로 세계를 보는 것과, 카메라라는 기계로 만들어진 이미지를 보는 것은 다르다. 유리창이나 거울과 같은 물건에 뭔가 반영에 의한 상이 만들어지는 경우 특히 그러하다. 우리 눈으로 볼 때는 특별히 혼란스러울 게 없지만 카메라로 이미지를 만들어낼 때는 매우 혼란스러워진다. 눈은 기계가 아니라서 스스로 입체적 맥락을 감안하여 파악하기 때문에 그 안에 맺힌 상이 무엇인지 혼란스럽지 않지만 카메라로 만들어진 이미지는 기계에 의해 단면적으로 나타난 것이라 그렇다. 그 이미지는 맥락을 감안하지 못하기 때문에 사람 눈으로 그걸 보면, 전혀 이해할 수 없는 경우가 많다. 그런데 비단 우리가 보는 눈앞의 장면만 그러한가? 더 거대한 실재 세계에 대해서는 어떠한가? 장자가 말한 바 호접지몽胡蝶之夢의 세계에 대해서는 어떠한가 말이다.

고대 인도의 철인들은 세계를 환幻으로 보았다. 그 환은 유한하고 일시적인 것이다. 거울에 비치는 이미지같이. 끝에 불이 붙은 나뭇가지를 빙빙 돌릴 때 불은 끊어지지 않은 채 큰 원을 만드는 것같이. 그것이 환이고 그것으로 이루어진 것이 우리가 사는 이 세계라고 본 것이다. 그렇다면, 그게 환이라면 이 세계는 절대 존재 혹은 본질이 없다는 말인가? 잠시 빛을 보지 못한다고 해서 태양이 없다고 말할 수 있는 것인가? 나무를 보는 것은 씨앗을 보는 것인가, 아닌가? 고대 인도에서부터 지금까지 수없이 논증하면서 궁구해 온 환과 실재에 대해 생각해 볼 수 있는 기회를 가져 보는 것은 카메라로 만든 이미지를 보고 사유해 본 덕분이다.

우리 같은 범인이 파악할 수 없는 것은 비단 세계의 본질과 환에 대한 것만은 아니다. 그와 유사한 차원에서 우리 자체의 본질인지 환인지 모르는 또 하나의 존재에 대한 것을 생각해 본다. 야누스의 두 얼굴은 우리 눈으로 보는 매일의 얼굴과 특정 조건이 성숙되면 드러나는 그러나 익히 알고 있는 또 다른 얼굴로 구성되어 있다. 하지만, 우리는 나 이외의 누군가의 감추어진 그 얼굴을 간파하지 못하고, 그것이 어떤 상황에서 드러날 때 소스라치게 놀란다. 우리 눈에 보이지 않는다고 실제로 존재하지 않는 것이 아닐 텐데, 우리는 그것이 애써 존재하지 않는 것으로 치부해 왔기 때문이다. 그것이 드러나는 징후나 기미는 사실 우리 스스로 이미 알고 있다. 내 스스로 나를 바라볼 때 그 존재가 거울이나 유리창에 비친 그런 이미지와는 전혀 다른 본질을 가진 또 하나의 존재임은 다 알고 있을 테지만 우리는 애써 그 존재를 인정하지 않는다. 그러고서 다른 이로부터 그 얼굴이 드러나면, 경악을 금치 못한다. 자신과의 결탁 가능성을 결사적으로 지워버리려는 발버둥이다.

당신은 침몰하는 세월호에 접근하라는 명령이 있었다면, 접근하였겠는가? 그 상황에서 승객들을 구조하라고 접근하라는 명령이 제대로 내려오지 않았음에도 당신 스스로 접근하였겠는가? 부패한 관료들을 비판하는 당신은 당신에게 부패할 수 있는 기회가 오면 그렇게 하고 싶지 아니할까? 당신 안에 들어 있는 그러한 매우 익숙한 일상에 왜 그렇게 소스라치게 놀라는가? 마치 처음 보는 것처럼. 당신이 사는 세계는 저 유리창에 비친 온갖 것으로 중첩되고 반영되어 무엇이 무엇인지 구분할 수 없으면서 시작도 끝도 알 수 없는 비실재의 환인가 아니면 당신 눈으로 보는 맥락과 상황으로 분명하고 또렷하게 파악할 수 있는 욕망의 실체인가? 당신이 그렇게 악다구니로 잡으려 애쓰는 그것이 당신을 변화시키는 본질인가 아닌가? 세계는 당신에게 무엇인가? 세계는 정신과 물질, 본질과 현상의 둘로 나누어져 있는가? 세계는 원인이 있고 그에 따라 결과가 있는 것인가, 아니면 결과는 그 원인으로부터 발생하지 않고 그 원인 또한 스스로 존재하지 않으니 결국 아무런 본질이 없는 것이 되는 것인가?

나에게 세계는 거울이나 창에 비친 반영이 아니다. 끊임없이 변화하고 운동하는 것이다. 우리가 살면서 의미를 두는 모든 것들을 한때 스쳐 지나가는 것으로 치부하여 버리는 것은 종교일 뿐이다. 내가 보는 우리가 살아가는 세계는 그러하지 않다. 인간은 세계 한가운데 있는 독자적으로 완전한 존재다. 그리고 그 세계는 인간이 만드는 분명한 실체다. 보이는 세계도 그렇고, 보이지 않는 세계도 그렇다. 밖으로 드러난 것이든 애써 안에서 감추려 하는 것이든, 그 둘은 다르지 않다. 그것이 물질이든 정신이든 궁극적으로 하나다. 욕망도 인간이 살아가는 자연의 일부다. 애써 살아가는 욕망을 집착으로 치부하는 것은 인간을 신으로 노예로 삼으려는 짓이다. 그런 차원에서 볼 때, 환이란 초월성 혹은 신에 굴복한 자들이 만들어낸 것일 뿐이다. 마찬가지로, 내면에 있는 욕망을 애써 감추려는 것도 욕망에 굴복하는 것이다. 그 욕망을 부인하는 것일수록 굴복하는 것이다.

죽은 자는 찰나의 멸을 알지 못한다

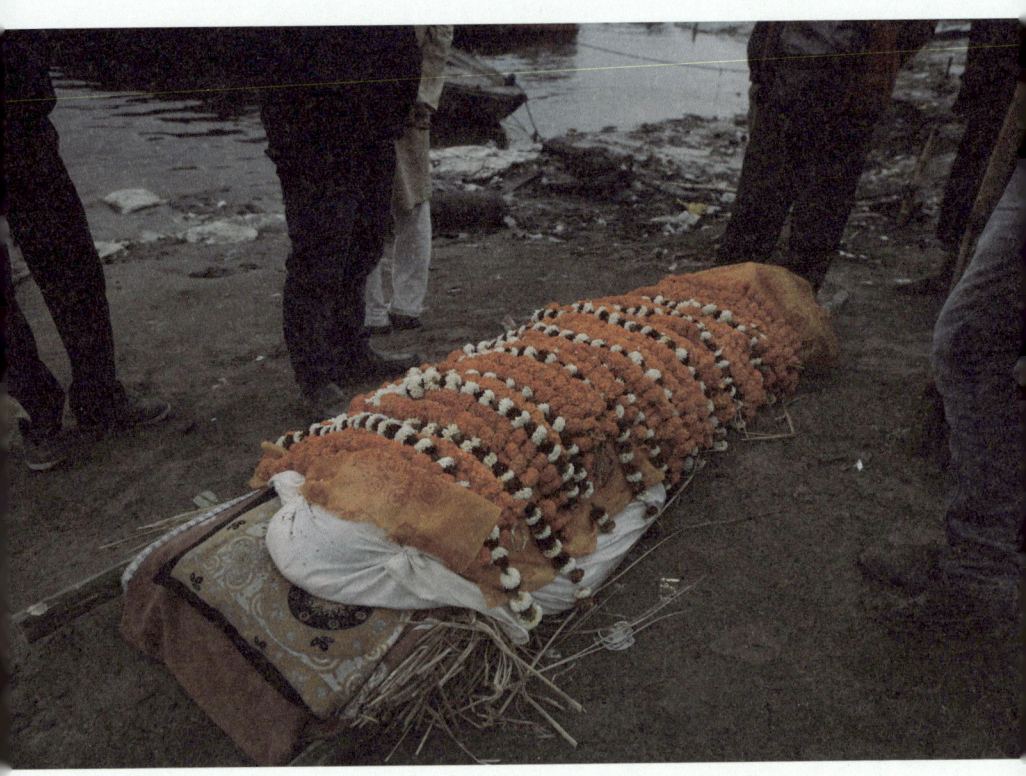

인도, 웃따르 쁘라데시, 바라나시, 2019

죽음을 설교하는 자들이 있다. 사실 이 대지는 삶을 포기하고 떠나라는 설교를 들어 마땅한 자들로 가득하다. 대지는 쓸데없는 자들로 가득하며, 삶은 너무도 많고 많은 어중이떠중이들 때문에 썩어 있다. 그들을 영원한 삶이라는 미끼로 유혹하여 이 삶으로부터 떠나버리게 만든다면 좋으련만!

— 니체, 『차라투스트라는 이렇게 말했다.』

사람들이 죽은 자를 들고 강가로 온다. 예의 여자들은 없고 남자들만 온다. 죽음이 한 인생의 통과의례 가운데 가장 무거운 것이라 그런 성스러운 자리는 여자가 참여할 수 없다. 아무도 울지 않는다. 그저 묵직한 분위기만 깔린다. 죽은 자는 강물 앞에 내려놓인다. 다시 강으로 들어가기 위해 몸이 태워지기를 기다린다. 화장을 하는 모습은 사진을 찍지 못하게 하지만, 꽃단장을 하고 그 의례를 기다리는 모습은 무방하다. 카메라를 든 나는 조의를 표하고 눈으로 허락을 맡는다. 망자에 대한 예의로 샷을 날리지 않는다. 한 땀 한 땀 바느질하듯 위치를 정하고 빛을 읽으며 몇 커트만 누른다.

죽은 자는 말이 없는 것이 아니고, 죽은 자는 자신이 찰나의 멸을 이루었다는 사실을 알지 못한다. 자신이 죽음을 인식하지 못하니 그 죽음이라는 행위는 존재하지 않는 것은 아닐까? 적어도 그 주체에게는 말이다. 힌두 세계에서 죽은 자는 나무로 짜인 관의 집에 들어가지 않는다. 맨몸을 하얀 천으로 두르기만 할 뿐, 아무런 것도 입지 않는다. 모든 것을 다 버리고 간다는 의미일 것이다. 어차피 무無로 돌아가 강물에 뿌려져 자연으로 순환하는 것인데, 관이라는 어떤 집에 임시로 거한다는 게 무슨 의미가 있을까? 다 산 사람이 만든 의례일 뿐이다. 죽은 자는 알지 못하니 그것은 죽음에 대한 예식이 아니고 그가 죽고 없어 위기에 몰린 산 사람이 만든 삶에 대한 의례다.

장례에 참가한 사람들의 얼굴을 찍지 않았다. 양해를 구하고 말고의 문제가 아니다. 그것은 그들에 대한 예의를 차리고자 해서가 아니다. 이 사건은 비록 그가 찰나의 멸을 인식하지 못한다지만, 여전히 죽은 이가 주인공이 되어야 한다고 생각해서다. 얼굴이 없으면 그는 사진에서는 존재를 부정당하는 것이다. 죽은 자는 얼굴이 없는 것으로 나타나나 사실은 있되 보이지 않을 뿐이다. 그러니 저 감추어진 얼굴이라도 그가 중심에 놓여야 한다는 생각이다. 산 자의 발아래 놓이나, 결국 그 주인공은 삶의 원천이라 믿는 강으로 갈 것이다. 강은 어머니고, 그래서 그가 태초에

온 데로 돌아가는 길을 지금 준비하는 중이다.

  나는, 죽음에 대해 숙고하지 않는다. 죽음은 삶에 대한 극단적 이분의 상태에 놓인 것이라고 생각하기 때문이다. 힌두 세계에 사는 사람들같이 죽음이 삶이고 삶이 죽음이라는 믿음을 갖지 않아서, 그런 이분법적 사고는 부인하면서 산다. 민족이나 종교에 대한 횡행하는 개념을 싫어하는 것도 이런 이분법의 세계관이 싫어서 그렇다. 남자는 이렇고 여자는 저렇다, 아침형 인간은 이렇고 저녁형 인간은 저렇다, 다 쓸데없이 규정하는 짓들이다. 그 가운데 특히 죽음에 대해 이러니 저러니 늘어놓는 것은 전혀 귀 기울이지 않는다. 모두 다 궤변으로 친다. 삶도 모르는데 죽음을 어찌 알겠느냐는 공자의 차원이 아니고, 죽음에 대해 말하는 자는 모두 속이는 자라고 생각하기 때문이다.

욕(欲)의 꿈을 추종하는 사람들, 불안하다

스리랑카, 콜롬보, 2010

> 우상이란 우리 자신이 만들고 우리 자신의 힘을 투영시켜서 우리 자신을 약화시키는 하나의 '사물'이다.
>
> — 에리히 프롬, 『소유냐 존재냐』

　붓다의 이빨을 안치했다고 하는 스리랑카 콜롬보의 유명한 한 불교 사원을 찾았다. 하루에 몇 번 시간을 정해놓고 그 안치물을 보여주는데 먼발치에서라도 보려고 아주 안달이 난다. 인산인해다. 줄을 서서 붓다 이빨과 최대한 가까이까지 가려고 기다리는데, 단 1초라도 더 그 앞에 서서 기도를 하려고 안간힘을 쓴다. 어쩔 수 없이 뒤에서 밀고 오는 사람들에 밀려 그 자리를 떠나는데, 자꾸 뒤를 돌아보는 그 아쉬움을 뭘로 비교할 수 있을까. 그 앞에 가서는 돈을 바치려고 발버둥을 치고, 그 돈을 수거하는 사람은 말 그대로 돈을 긁는다. 한 사람이 빗자루로 쓸어내리면 다른 이가 테이블 아래에서 그 돈을 그러모은다. 나는, 구경꾼으로 그 절절한 불심을 비웃지 않으려고 애를 쓰지만, 헛웃음을 참을 수 없다. 씁쓸함이 입가에 괸다.

붓다는 스스로 깨달음을 얻었다고 선언하였다. 그리고 제자들에게 가르쳤다. 도저히 따를 수도, 이해할 수도 없는 내용이다. 붓다는 그 어려움을 사람들과 타협하지 않고, 있는 그대로 어렵게 가르쳤다. 더욱 많은 대중이 듣고 이해하고 따르는 것에 방점을 두지 않은 것이다. 그에게 진리란 대중적인 것이 아니고, 한정적인 것이기 때문이다. 모든 것이 다 쉬울 필요는 없다. 누구든, 글이든 사진이든 그것이 무엇을 말하는지 알아듣기 어렵다거나 이해할 수 없는 것을 내보이면, 그 뜻은 그것을 읽는 사람이 주체적으로 읽고 해석하면 될 일이다. 작가에게 해석의 권한이 다 주어진 것이 아니고 독자에게도 그 권한이 주어질 수 있다고 생각하면 될 일이다. 그러다 보면 배가 산으로 올라가는 수가 있다. 배가 산으로 올라가면, 배는 산으로 가는 것이기도 하지, 라고 생각하면 그만이다. 불교라는 것이 붓다가 말하는 바가 아니고 그 어려운 바를 후대가 해석하는 바를 중심으로 형성되는 길이라면, 뭐 이해 못할 바도 없다. 그래서 붓다의 길과 후대의 제자들이 해석하는 길은 전혀 다르다. 남들은 변질이라고 말하지만, 그것은 변화다. 다른 길에 대한 모색이다. 배가 산으로 가는 것을 비난하는 사람들은 모든 사람이 함께 가는 어떤 길을 좇는 사람들이다. 그렇지만 붓다는 그것을 바라지 않았고, 제자들 또한 그리 하였다. 그런데 그 범주가 어디까지일까?

　기독교 세계는 이와 다르다. 그것은 올바른 것, 진리가 절대적으로 존재한다는 시각이다. 그가 무엇을 말했는지가 중요하지, 그가 말하는 것을 나는 이렇게 보았다, 라는 것은 잘못된 것이라고들 판단한다. 진리란 어떻게 보이는 것이 아니고, 실제로 어떠어떠한 것이어야 한다. 본질은 유일무이한 것이고, 그것은 변질될 수 없는 것이니 반드시 모두가 그 안에서 하나 되어야 한다는 것이다. 세계 존재의 성격이 홀로 독특함에 있다는 걸 인정하지 않을뿐더러, 그러한 것은 이단으로 친다. 그들은 진리를 깨우치는 것이 아닌 배우고 익히는 것이라 여긴다. 그래서 그 안에서 모두가 동일한 것을 배우고 익히고 따라감으로써 진리는 동류의 학學으로 규정된다. 절하되는 것이다.

　학 혹은 지식이 위험한 것은 동질성을 추구하는 것이기 때문이다. 개체성을 애써 죽이고 보편성을 추구한다. 독특성이 튀어나오더라도 결국 시간 속에서 대중화로 포용해 버리면서, 끝내 익숙한 것으로 전화되어 버린다. 이러한 문제가 가장 첨예하게 드러난 곳이 근대 사회다. 그 안에서 익숙한 것에 대해 도전하면서 팽팽한 긴장을 야기하려 하는 자는 전복자다. 위험한 자다. 그것을 가장 잘 설파하고 앞장서는 것이 종교다. 그리고 학자는 종교의 사제가 하는 것과 같은 일을 맡는다.

그 안에서의 생각은 균질화를 이루고, 동류의 균질화는 사회와 연계되면서 권력이라는 전혀 다른 질의 속성으로 변한다. 그 권력화된 진리는 진화하고 성장하여 커진다. 그것이 종교다. 그 종교는 처음에는 진리를 찾아 구도하는 단순심에서부터 시작하지만, 이후로 조직과 돈을 갖추게 된다. 그리고 모든 이로 하여금 그 발아래 복종하도록 강요하고, 그것을 착하고 참된 믿음이라 칭송한다. 이른바 구도의 길을 포기하고 종교의 길을 가는 것이다. 그들은 현실에서 이루어질 수 없는 이상을 좇는 사람들이다. 그 이상은 현실을 포기하는 것으로 보이지만, 사실은 현실에 대한 강한 집착이다. 지금 생에서 이룰 수 없는 것을 다음 생에서 이루어야 한다는 욕慾이다. 그 욕의 꿈을 추종하는 사람들, 노예의 삶이다. 그들이 이 세상에서 행복할지는 모르겠지만, 나는, 그들이 불안하다.

콜롬보에서 만난 저 노파들. 그들이 사원 측에서 마련해 놓은 한 칸막이 안에 앉아 있다. 다음 차례를 대기하는 중이다. 그들은 복을 받으러 가는 열차를 기다리는 중이라고 하겠지만, 내 눈에는 욕慾을 채우러 가는 열차를 기다리는 중이다. 그들이 어떤 틀 안에 수용되어 있는 것으로 보이는 것은 그들이 집요하게 이상을 좇기 때문일 것이다. 자유롭지 못한 영혼의 수용소 말이다. 붓다의 제자들이 그 스승의 말을 '나는 그렇게 들었다'라고 하듯, 나는 저들의 저 삶을 이렇게 보았다.

세상은 아름답고 잔인하다

인도, 마디야 쁘라데시, 보빨, 2019

"지난 밤 사각모를 쓴 대학생이 밤중에 나를 찾아왔다. 부모님 몰래 나가보니 그가 나를 안아주더라. 조금만 참아라. 내가 졸업을 해서 돈을 많이 벌어 너를 데려갈 터이니. 안아주고 뽀뽀해 주며. 여자아이들은 정신이 아득해지고 가슴이 방망이질을 했답니다. 동네가 발칵 뒤집혔답니다. 밤마다 사각모 대학생이 찾아와 안아준다니 소문은 동네를 칭칭 감고 가시내의 부모 허파를 뒤집어놓았죠. 긴상네 딸이 밤마다 사내놈이랑…… 열세 살이었답니다. 동네 부끄럽다. 열세 살 어린 딸을 멀리 가난한 조센징 맏며느리로 팔아버렸대요. 시집 가서 새벽부터 밤까지 농사일을 하던 그 가시내는 동갑내기 시누이에게 또 그 이야기를 했답니다. 시누이는 오라비와 어미에게 고자질을 했고 가시내는 죽어라 두들겨 맞았답니다. 더러운 것. 심약한 가시내의 남편이 등을 돌렸고 가시내는 보따리 하나로 쫓겨났답니다."

— 김미옥, 미발간 이야기, 「열세 살의 어머니」에서

가스가 누출된다는 경보가 울리자 사람들이 그곳을 향해 달려갔다. 2,259명이 현장에서 즉사했다. 오랜 기간 동안 아픔은 지속되었고, 결국 현재까지 약 16,000명이 그 가스 때문에 죽었고,

그로 인한 부상 후유증에 시달린 사람들의 수가 50만이 넘는다. 인도 중부에 있는 보빨Bhopal에서 1984년 12월 2일부터 이틀간 터진 인류 최대 규모의 사고 참사다. 참사 주범인 미국 회사 유니언 카바이드Union Carbide 사는 공장을 폐쇄하고, 피해 보상을 대충 얼버무린 채 떠나버리고 없고, 인도 정부는 그 흔한 추모관 하나 지어놓지 않았다. 사람들은 무기력하다.

어느 화창하고 따뜻한 겨울, 한 개인이 운영한다는 아주 작은 박물관 겸 추모관을 찾았다. 변두리 한적한 동네 주택가 가운데 보통 사람들이 사는 집에 꾸렸다. 정부 측 보조도 없고, 그저 세계 각지에서 잊지 말고 기억하자는 사람들이 십시일반 보내주는 작은 정성들로 꾸려 나간다. 힘 있는 권력이 잔인하다면, 힘 없는 개인들은 끈질기다. 계란으로 바위를 치는 것은 바위가 깨지고 안 깨지고의 문제가 아니다. 계란을 던져야 할 때는 던져야 한다는 것을 말하기 때문이다. 작은 사람들이 그 기억을 위해 끈질기게 계란을 던진다. 그 추모관을 지키는 한 분이 계셨다. 아무것도 묻지 않았다. 내가 해야 할 바는 알아야 하는 것이 아니고, 공감하고 기억해야 하는 것이기 때문이다. 2층으로 올라가는 여느 것과 다를 바 없는 그 계단은 어찌 그리 가파른지, 실내는 어찌 그리 어둡고 칙칙한지, 사진들로 도배가 된 그 칸막이들은 어찌 그리 답답한지. 분노도 아닌, 슬픔도 아닌, 무기력도 아닌, 도대체 뭔지

모를 이상한 것이 자꾸 기어올라, 오래 있지를 못했다. 내가 할 수 있는 것이라곤 그저 밖으로 나오는 것뿐이었다.

밖으로 나오니 참으로 청량한 공기다. 세상은 환하고, 밝다. 집 외벽을 칠한 저 아름다운 색들을 보라. 색이란 스스로 색을 갖는 것이 아니라, 채색되는 것이다. 저 집 색이 저렇게 찬연한 것은 내가 슬프기 때문이다. 아니, 내가 슬플수록 세상은 밝게 빛나더라는 경험을 겪어보았기 때문이다. 나의 슬픔이 저 집을 저렇게 색칠한 것이다. 슬픔은 기억 속에 있고, 현실은 그 기억으로부터 벗어나 있기 때문에 저 집은 저렇게 찬란하게 밝은 것이다. 슬픔은 자체로서 슬픈 것이 아니고 그 슬픈 것을 기억하기 때문에 슬프다. 우리는 그 기억을 다른 사물과 연결시켜 그 사물 또한 슬픔으로 연계시키곤 한다. 사람이기 때문에 그런 것이다. 그래서 슬픔이 몰려오면 세상 모든 것이 다 슬퍼진다. 그러다 보니 세상은 홀로 자발적으로 그 성격이 정해지는 것이 아니고, 그것을 대하는 '나'의 감정에 의해 정해진다.

'나'는 아무리 노력해도 시간과 연관된 존재일 수밖에 없다. 시간으로부터 벗어날 수 있는 '나'는 없다. 그 시간이 흘러가버린 것이라면 '나' 또한 흘러가버린 것에 따라 변할 수밖에 없다. 영원히 변하지 않는 것이란 없다. 그래서 우리에게 남는 것은 실체가 아니고, 본질이 아니고, 흐르는 물과 같은, 시간이 남기고 간

흔적 같은 기억뿐이다. 아무리 즐거웠다 하더라도 기억은 실체가 아니기 때문에 지금 여기에서의 현실은 아니다. 도저히 벗어날 수 없는 슬픔 또한 마찬가지다. 주박呪縛에 걸린 듯, 빠져나올 수 없는 것 같겠지만, 그 안에 영원히 갇힐 수는 없다. 그 안에 현실은 없고, 오로지 있는 것이라고는 끝이 나고 없어져 버린, 죽어 버린 과거의 것밖에 없다.

현실은 결국 흘려보낼 수밖에 없다. 죽도록 그립고 사무치더라도, 그것은 그저 그리움이고 사무침으로 머무를 수밖에 없다. 그리움과 사무침으로는 결코 죽지 않는다. 실체가 없기 때문이다. 죽는 것은 무엇인가 실체가 있는 것에 의해 일어나는 것이다. 먹고 사는 문제가 실체다. 그 먹고 사는 문제를 위해 기억은 소환되더라도 금세 사라지기 마련이다. 산다는 것은 결국 눈물은 아래로 떨어지더라도, 밥숟갈은 위로 쳐올리는 자연법 안에 있다. 그래서 내 눈에 회색이고 잿빛일 때 세계는 빛난다. 찬연한 빛이라는 게 결국 잿빛이 있어야 나는 것이다. 그래서 세상은 아름답고, 그것은 잔인하다. 그것이 고통의 세계다. 그 고통의 바다는 붓다가 말하듯 세상 모든 것이 생과 멸의 과정을 겪어서가 아니고, 지금 여기 우리가 사는 세상은 온통 패러독스로 점철되어 있는데, 그 패러독스를 아무렇지 않게 일상으로 살아가야 하기 때문이다.

이 장면은 매우 불교적이다

인도, 웃따르 쁘라데시, 바라나시, 2009.

과거를 역사적으로 표현한다는 것이 그것이 '원래 어떠했는가'를 인식하는 일을 뜻하는 것이 아니다. 그것은 위험의 순간에 섬광처럼 스치는 어떤 기억을 붙잡는 것을 뜻한다.

— 발터 벤야민, 『역사의 개념에 대하여』

불교에서 중은, 역사가 흐름에 따라 그 성격이 많이 바뀌었지만, 그래도 속세를 떠나 승가에 머물러 수도하는 것이 그가 하는 일의 으뜸이다. 속세를 떠난다는 것이 세상의 이치를 부정하는 것이어야 하지만 현실적으로 요즘 그런 중은 거의 없다. 그렇게까지는 바라지 않더라도 속세를 움직이는 여러 기호나 장치에 현혹되는 것만이라도 멀리해야 한다고 보는데, 그것마저 여의치 않은 게 현실이다. 사람들은 여자를 끊고, 돈을 멀리하고, 술을 마시지 않는 것은 매우 수준 높은 절연의 방식이라고 인정하면서도, 그보다 더 본질적인 현 세계의 여러 장치 속에서 살아가는 어떤 행동을 하는 것에 대해선 뭐라고 시비를 걸지 않는다. 그것은 불교가 세상 안으로 들어와 있기 때문이다. 세상 안에 의미가 없어 밖으로 떠난 사람들이 세상 안에만 의미가 있음을 발견하고 세상 안으로 들어와 살아가는 방편은 또 그것대로 존중받아야 한다. 무엇이든 변화하고, 영원한 것이 없고, 근본이라는 것이 없어야 함이 불교의 제1 정체성이기 때문이다. 불교 초기의 방편이 역사의 변화에 맞추어 변화를 했으면 그건 그것대로 존중받아야 하는데, 왜 술과 여자는 인정하지 않고 다른 기호는 인정해 주는 것일까?

나는 세상을 즐기는 차원에서 사진을 찍고 읽고, 사진과 엮여 있는 여러 문화 특질들에 대해 비평을 한다. 그 안에는 역사도 있고, 역사성과 관계없는 예술과 작품이라는 것에 대한 글도 있고, 사진이 사용되는 여러 도구로서의 의미에 대한 글도 있다. 2009년 어느 날 인도 바라나시 갠지스 강가에서 뭔가 사진과 세계에 대한 생각에 잠겨 이리저리 왔다갔다할 때 일군의 불교 중들이 계단을 내려오고 있었다. 순간 어느 한 중이 카메라를 들어 내가 있는 쪽을 발견했고, 여지없이 나 또한 그런 그의 모습을 찍었다. 사진을 찍는 찰나의 순간, 이 장면은 매우 불교적인 것이 될 것이라는 생각이 들었다. 불교에서 세계는 순간이고 그래서 그것은 덧없는 것이다. 사진에서 세계 또한 순간에 만들어진 것이고, 그것은 본질 없는 이미지일 뿐이다. 그런데 불교가 변하여 중이 레코드 취입을 하고, 그림을 그려 전시를 하고, 전문 방송국에서 DJ를 하고, SNS를 만들어 고정 구독을 하라고 별의별 아양을 떤다. 술을 마시고 도박을 하고 간통을 하는 그런 문제를 말하려는 것이 아니다. 권력을 탐하여 세상 모든 탐진치를 몸소 이고 가려는 그것이 보살의 자세라는 것을 말하려는 것도 아니다. 어느덧 그들이 세상 안으로 들어와 버렸다는 것이다. 사진 또한 그와 별반 다르지 않는 듯하다. 이미지가 본질을 만들어내는, 그래서 사람들은 본질을 가꾸고 닦는 것에 수양을 하지 않고, 이미지를 만들어내는 일에 전념한다. 불교든 사진이든 세계를 보는 눈이 바뀌어서 그렇다. 세계는 더 이상 고통의 바다이자 사라져 버리는 찰나가 아니고 이제 인연을 쌓아가면서 즐길 만한 어엿한 소유의 공간이다. 무소유와 해탈을 말하려 하는 것은 너무나 옛날 옛적 호랑이 담배 먹던 시절의 일이다.

 사진도 마찬가지다. 사진은 결국 카메라라는 기계와 눈앞에 존재하는 대상이 순간적으로 만나면서 생성되는 이미지다. 그 만남은 필연이든 우연이든 존재가 변하여 생성이 되는 과정에서 만들어지는 것이다. 가만히 있는 존재가 외부에서의 어떤 돌발적 충돌로 인하여 카메라를 든 사진가에게 생각을 하도록 만든 것이고, 그것은 마치 고요한 호수에 돌이 던져지면서 파문을 일으키는 것과 같은 작용으로 어떤 생각이라는 결과를 낳게 한다. 그 생각은 순간이든 찰나든 인간이 쉽게 헤아릴 수 없는 시간 안에서 카메라의 셔터를 누르는 동작을 낳고, 그로 인해 사진이라는 이미지가 만들어지는 것이다.

    세계는 무상無常하다. 영원한 것이 없다. 한 번 정해졌다 해서 그것이 사라질 때까지 그 성격을 유지하는 것은 있을 수 없다. 겨울이 가면 봄이 오듯, 모든 것이 변하는 그 흐름에 몸을 맡기는 것, 그런 삶이 자연의 삶이다. 종교 또한 인간이 만들어낸 문화의 한 장르일 뿐이다. 그 안에서 항상성이 있다는 말은 사람을 현혹시키는 일부 종교 팔이 하는 이들의 값싼 레토릭일 뿐이다. 사진 또한 마찬가지다. 사진은 순간적으로 대상과의 만남에서 발생한 기계가 만들어낸 이미지일 뿐이다. 종교를 통해 사람들이 사랑하고, 서로 존중할 때 종교는 종교다운 것이 된다. 원래 있었던 것이 변했다 해서 비난을 받거나, 안 변했다 해서 자랑스러워하는 것은 종교를 인간 억압의 도구로 사용하는 것일 뿐이다. 사진도 마찬가지다. 초기 사진의 의미를 꾸준히 가지고 가든, 사회의 변화에 따라 매체의 의미가 바뀌면서 함께 바뀌든 그건 중요치 않다. 중요한 건 사진을 하는 과정 속에 인간이 들어 있느냐에 대한 사유의 유무 여부다. 그렇지 않고 사진은 이래야 한다, 저래야 한다는 것을 주장하고, 가르치고, 그것으로 우와 열을 가리려 하는 것은 사람을 사진 아래 굴복시키려 하는 짓이다. 종교는 종교일 뿐이고 사진은 사진일 뿐이다.

사진으로 치유한다는 것

인도, 웃따르 쁘라데시, 바라나시, 2019

> 자신이 사랑하거나 미워하는 것을 타인이 수긍하게끔 만들고자 들이는 노력은 명예욕이다. 여기에서 모든 사람은 자연적으로 자신의 기질에 따라 살기를 바라게 된다는 것이 귀결된다. 그리고 이것은 모두가 원하는 것이다. 따라서 사람들은 서로 장애가 된다. 모두 사랑과 칭찬을 원하기에 그들은 서로 미워하게 된다.
>
> — 스피노자, 『에티카』

인도에서 거리 사진을 찍을 땐, 마음이 참 편하다. 사람을 촬영하는 것에 대해 그 사람들이 그리 큰 거부 반응을 일으키지 않기 때문이다. 그들은 오래전 고대 때부터 세계를 움직이는 절대 존재가 신으로 형상화되었음을 믿어왔고, 그 신을 최대한 아름답게 꾸미는 것을 큰 기쁨으로 여겨왔다. 그러한 맥락에서 사람 또한 신상을 꾸미는 방식으로 꾸미는 것을 좋아했다. 신을 만난다는 것은 다름 아닌 아름다움을 추구하는 것이라고도 했고, 형식의 아름다움과 내면의 아름다움을 공히 추구하는 것이 곧 신과 합일하는 것이라고도 했다. 신의 사랑을 노래하는 것도 신에게 봉헌하는 것이고, 마찬가지로 신을 아름답게 그림으로 그리는 것 또한 신에게 봉헌하는 것이다. 같은 맥락으로 조각하거나 연극을 하는 것과 마찬가지로 신상을 아름답게 사진 찍는 것 또한 신에게 봉헌하는 것이다. 다만, 엄숙한 의례 상황에서 기념 사진을 찍는 것과 같이 신에 대한 찬양의 차원이 아닌 경우는 결코 허용되지 않는다.

사람을 사진 찍는 것도 그런 차원에서 이해할 수 있다. 길가에 쓰러진 사람이나 비참한 상태에 있는 사람을 찍는 경우는 매우 싫어하지만, 자신이 맘껏 치장을 하고 남에게 보여주고 싶어 할 때 카메라를 과하지 않게 들이밀면 대체로 그대로 오케이다. 다만 예의상 눈으로 허락을 구해야 하는 것은 사진가로 지켜야 할 예의일 테고. 혹간은 지나가는 사진가를 불러다가 왜 옆 사람은 찍고 자기는 안 찍어주냐고 볼멘소리를 하는 경우도 있고, 자기 아이들을 찍어달라고 간곡히 부탁을 하는 경우도 있다. 그렇다고 꼭 그 이미지를 보여달라는 것도 아니다. 누군가 자신을 사진으로 찍어주는 것은 자신을 높게 평가하고, 자신은 그런 대접을 받았다 하여 기분이 좋아져서 그러는 것이다. 존재의 확인이라고나 할까?

바라나시에서 만난 이 가족의 경우에도 그랬다. 골목에서 브라스 밴드의 연주 소리가 한창 신나게 울려 퍼지는 것을 듣고 잽싸게 뛰어가 보니 결혼식 도중이다. 사진을 찍어도 되겠느냐고 가볍게 눈으로 물었더니 예의 노프라블럼이다. 모두들 신나는 축제에 외국인 사진가까지 끼어들어 사진을 찍어주니 더 자랑스럽고 영광스러운 것이다. 신랑이 신부 집에 도착하자 신부 집에서 환영하는 춤판이 벌어진다. 옷은 화려하고 또 화려하여, 할 수 있는 한 모든 장신구를 차고 나오니 신을 꾸미듯 자신을 꾸미며 신도 기쁘고, 자신들도 모두 기쁨이 넘친다. 축제란 모름지기 이런 것이다를 몸소 보여준다. 당사자도 즐겁고 하객도 즐겁고 지나가는 객도 즐겁다. 초상권 같은 건 생각지도 않는다. 사진가가 자신들을 일부러 나쁘게 찍을 것이라고는 혹은 나쁜 용도로 쓸 것이라고는 생각하지 않는다. 자신의 초상은 자신의 것이기도 하지만, 우주 자연의 한 부분이기도 하기 때문에 모두가 공유하는 것이라고 생각한다.

이런 태도가 사람 사는 세상의 것이 아닐까? 사진을 찍는 것이 무슨 죄를 짓는 것이 아닌데, 그렇게 몰아가는 인도 바깥 세상 세태가 참 야속하다. 사진이라는 것이 찍히는 대상으로 하여금 기쁜 마음과 사랑하는 마음을 전달하는 매체가 된다면, 그것으로 충분한 예술적 가치가 있는 것이 될 테고, 그 찍히는 대상이 되는 사람은 그 사랑하는 감정을 전달받으니 예술의 주인공이 되는 것을 누릴 수 있는 것이다. 그래서 사진을 통해 그 대상이 되는 사람이 존중받는 감정을 갖게 되면 그 사진은 사랑을 불러일으키거나 상처받은 것을 치유하게 하는 역할을 하는 것이다. 세상을 아름답게만 표현하는 사진이 예술적임을 의미하는 것이 아니다. 사진을 통해 세상이 좀 더 따뜻해질 수 있다면 그것으로 사진이 예술의 소임을 다하는 것이라는 말이다. 꼭 프레임을 흔들고, 전형으로부터 벗어나 형식 파괴의 창의성을 찾아 새로운 창작의 세계로 들어가는 것도 좋겠지만, 평범하게 대상을 존중하고 소통하는 방식으로 찍어도 그 사진은 예술의 순기능을 다한다는 것이다.

우리의 삶이 힘들고 지치고 고통받고 있다면, 따뜻함으로 가득 찬 사진 한 장이 우리를 치유할 수도 있다. 그것은 사진이 이미지로서 갖는 창작의 예술성으로서가 아니고 그 사진을 만들어가는 과정 속에서 대상과 소통하는 행위가 우리를 치유하는 역할을 하기 때문이다. 예술은 감동이고 감동은 희망이자 사랑이다. 그 이미지 자체가 창의성이 결여되어 작품성이 떨어진다 하더라도, 그것을 찍는 과정에서 대상을 존중하고, 사랑하는 마음이 전달이 되면 그 사진 찍는 일 자체가 예술이 된다. 그런데, 사진 이미지라는 결과가 얼마나 예술성을 갖춘 작품이 되느냐를 관심의 핵심으로 삼는다면, 그것은 작품을 가운데 놓고 그로부터 인간을 소외시키고 나아가 그 구조에서 갈등이 생겨나는 경우가 태반이다. 예술성은 결과가 아닌 과정에 있는데, 사람들이 너무나 결과만 추구한다.

불과 빛, 자연과 우연

인도, 마디야 쁘라데시, 나그뿌르, 2019

> 만약 사태들이 자성으로부터
> 존재한다고 그대가 간주한다면
> 그와 같다면, 사태들에
> 인연이 존재하지 않는다고 그대는 간주하는 것이다.
> ― 나가르주나, 『중론』

인도에서 사람들은 아주 오랜 옛날 옛적에, 역사적으로 보면 베다Veda라고 하는 자기들의 계시서를 말로 편찬하기 시작한 기원전 1,500년경부터 불을 숭배했다. 그것은 아주 단순한 경이의 세계에서 일어나는 일이었다. 지금이야 하늘이라는 신이 더 높지만, 그때 그 사람들은 그렇지 않았다. 하늘은 그저 하늘 일을 하는 신이고, 불은 또 불의 일을 하는 신일 뿐이다. 나훈아 좋아하고 따르는 팬들이 있고, 조용필 좋아하는 팬들이 있었을 뿐, 지금같이 빅뱅인지 BTS인지 하는 가수가 최고의 위치에서 모든 걸 다 독식하는 그런 신의 세계에서의 위계는 없었던 시절이다. 불은 사람들의 염원을 하늘로 전해 주는 일을 하는 신이다. 그래서 사람들은 제사를 지내고, 거기에 바치는 공물을 불로 태운다. 그러면 그들의 염원은 하늘로 올라간다. 가슴으로 받아들이면 염원이 되고, 머리로 받아들이면 역사가 된다. 사람들은 제사를 통해 현현하신 신을 만났고, 그래서 무엇보다 제사가 가장 중요한 공동체의 일이었고, 그 제사에서 가장 중요한 일을 맡은 불이 가장 많은 인기를 받았다.

제사에 바치는 공물로 코코넛을 바닥에 쳐 깨서 불에 던진다. 여자들 힘으로는 잘 깨지지 않으니 으레 남자들이 그것을 깨뜨리는 일을 하고, 그런 와중에 어린 아이에서 열다섯 청춘 아이들이 곧잘 힘자랑을 하는 장소다. 힘자랑을 하는 도중에 삐끗하면, 아버지가 나서서 그렇게 하는 거 아니다, 한수 가르쳐주곤 한다. 가족 모두가 한껏 웃음을 터트리는 장면인데, 제사든 예배든, 항상 그렇듯 그리 심각하지도 장중하지도 않다. 그런 자리에 꼭 끼어드는 불청객이 있다. 원숭이다. 먹을 게 있으니 그 또한 한 몫 잡으려는 거, 당연한 이치다. 어느 누구 하나 그 원숭이를 쫓아내지 않는다. 카메라를 들고 싶은 감정이 인 것은 저 원숭이가 시야에 들어와 프레임의 교묘한 위치에 섰을 때였다. 여성의 머리카락 다발이 투박스럽게 보이고 그 위에 원숭이가 비웃는 듯, 아랑곳하지 않는 자세로 제 할 일을 하고 있는데 그곳에서 마침 불의 신 아그니Agni가 현현하신다. 그 불의 신을 보는지, 원숭이를 보는지, 그저 멍때리고 있는지는 모르겠지만, 남자 하나가 원숭이와 시선을 같이 하면서 화면에 등장한다. 더 이상 좋은 구도는 없다. 사원에 들어설 때 어렴풋이 마음속에 둔 장면이어서 원하는 구도에 들어서자 주저하지 않고 몇 커트 누른다. 이미지는 조롱이든 위트든 풍자든 항상 뭔가 찌름이 있고 그에 대한 해석이 따라야 한다고 나는, 믿는다. 그런데 내가 예상했던 것보다 훨씬 마음에 들게 사진이 나왔다. 속된 말로 하나 건졌다. 사진은 우연의 예술이어서, 어느 시인 말대로 하면, 건지는 것이 팔할이다. 그래야 사진 보는 맛이 난다.

세상도 마찬가지 아닐까. 우연은 우리 같은 범인이 아무리 발버둥쳐도 알 수 없는 영역에 있다. 의지도 아니고 방향도 아니고 목적도 아니지만, 뭔가 알 수 없는 법에 의해 발생하는 것. 그 법이 뭔지를 알아보려고 하지만, 그것을 알아차리면 이미 우연이라는 것은 사라져버리고 마는 것. 그렇다고 그 우연이라는 존재를 없다고 단정할 수 없는 것. 알 수 없는 것에 부딪혀 쓰러지지만 그것이 우연의 소산이라는 것은 전혀 알 수 없는, 역으로 알 수 없는 어떤 것 덕분에 순풍에 돛 단 듯 나아가지만, 그것이 그 우연의 덕분이라고 생각하지 않는 것. 그 모든 게 나의 계산의 힘이라고 착각하는 것. 근대인의 세계는 이 우연을 무시하는 필연의 영역에서 사는 것을 가치 있게 여긴다. 이성의 힘을 믿는 세계다. 그들의 눈에는 현명함과 어리석음밖에 없고, 그 힘을 운항시키는 것은 의지다. 예측 불가능한 영역이 있을 수 없으니, 파악할 수 없는 숭고의 영역도 없다. 반면, 고대 인도의 세계관에서는 우연이 모든 것을 압도한다. 신이든 제왕이든 영웅이든 모두 그 우연의 법칙 발아래 머리를 조아린다. 그것이 우주의 법이자 자연의 법이다. 우연의 비호 아래, 인간은 신에 대해 반기를 들 수 있다. 그 안에서 신은 죽는다. 이는 인간이 자연 안에서 얼마나 고귀한지를 세우기 위해 찾아낸 이치다. 기독교나 근대 세계에서와 같이 신과 과학의 절대성 안에서 인간을 죽이는 일은 없다.

   카메라는 기계라서 필연의 세계다. 그렇지만 그 기계를 움직이는 것은 빛이고 빛은 자연이다. 그 빛을 의지의 영역 안에서 굴복시킬 수는 없다. 사진가가 할 수 있는 것은 그 빛을 극복하는 것일 뿐이다. 그래서 사진은 우연이다. 그 우연의 세계 안에서 나는 사진의 맛을 찾곤 한다.

나만의 스타일

인도 타밀나두 첸나이, 2015

> 예술은 자연의 모방이 아니라 자연을 형이상학적으로 보충하는 것, 자연 곁에서 자라나되 그를 능가하려 드는 것이다.
>
> — 니체, 『비극의 탄생』

신에게 바치는 것은 처음에는 공동체 단위로 행한 거대한 규모의 희생제였다. 아주 오래전 아프가니스탄을 거쳐 인도로 이주해 들어온 아리야인들은 그리 하였다. 제사라는 것은 반드시 살아 있는 동물을 죽여 그 피가 제단에 뿌려 바쳐졌어야 했다. 시간이 흐르면서 제사는 단순화된 예배로 교체되었다. 예배 의례에는 주로 촛불을 밝혀 바쳤고, 기름과 꽃을 드렸다. 예배를 드리는 자는 몸을 정갈하게 하고 최대한 좋은 옷을 입었다. 이곳에서만 그러는 것이 아니고, 사람이라면 누구나 그렇게 하는 신에 대한 인지상정이다. 예배 때 인도 사람들은 붉은색을 비롯하여 주로 화려한 색으로 된 옷을 입는다. 쌀전병도 바치고, 바나나도 바치고,

코코넛도 바친다. 모두가 다 정성이니, 손으로는 먹을 것을 바치고 입으로는 신에게 드리는 말씀을 염송한다. 고개는 떨구고 두 손을 모아 빈다. 그 장소는 아무래도 괜찮다. 아무 데든 그곳을 신이 계신 곳이라 하고, 돌이든 나무든 깨끗한 걸로 신을 삼아 안치해 성화 의례를 거치면 그곳이 신성한 신의 거처가 된다. 그것이 어떤 예기치 않은 일로 무너지거나 훼손당하면, 그걸로 그만이다. 새로 또 성화를 하여 신을 모시면 될 일이다. 신은 인간의 정성이 있으면 어디서든 나타나시는 존재이기 때문이다.

저 예배를 드리는 모습의 절정은 여성이 고개를 조아리는 모습이었다. 내 눈에 그리 하였더라는 것이다. 오체투지를 하는 것은, 적어도 내 눈에는 너무 과하게 보여 자극적이기만 하지, 인간의 신심이 그대로 내게 전달되지가 않는다. 카메라를 든 나는 여러 촛불들이 봉헌된 작은 사당 앞에서 봉헌 예배를 드리는 사람들이 고개를 조아리기만을 기다린다. 까만 머리카락을 꽃으로 묶은 한 여인이 내 프레임 안으로 들어온다. 순간 그의 손이 눈에 들어오는데, 피부의 멜라닌 색소가 파괴되어 일종의 이상 현상을 가지고 있는 분이다. 얼굴 위로는 어디선가 빛이 만든 그늘이 드리워진다. 평면이 입체적인 모습을 띠고, 그 여러 면이 중층적이 된다. 이미지로 만들어지면, 한 눈에 알아볼 수 없는 형국이 되겠다 싶을 때, 그 순간, 셔터는 여지없이 끊긴다. 사당에 바쳐진 빛과 그늘 그리고 여러 색깔의 화려함과 하얀 반점이 곳곳에 생긴 그의 손이 서로 섞이면서 장면의 경계가 흐려져 버린다. 내가 말하고자 하는 바, 경계의 무너짐이다.

세계를 구성하는 전체와 부분은 구별할 수 있는 것일까, 하는 고대 힌두 철학의 가장 원초적인 질문을 사진을 찍으면서 오랫동안 머금고 있었던 터다. 그래서 그런 궁구를 하기 좋은 이미지가 오면 여지없이 셔터를 누른다. 나로선 물질과 정신이 하나인지, 둘인지, 둘이 아닌 것인지를 잘 알지 못한다. 내가 할 수 있는 것은 사진을 찍고 보고 읽고 해석하면서 그 이미지를 통해 우리의 눈과 세계, 본질과 현상, 전체와 부분, 물질과 정신 등 둘의 관계가 어떤지를 생각해 보는 일이다. 그냥 남들이 좋은 구도라고, 일관된 톤이라고 평가하는 멋진 이미지를 만들어내는 것보다는 그 이미지가 내가 평소에 생각하는 인문의 세계를 불러일으켜 다른 이들과 더불어 사유할 수 있도록 하는 것을 좋아할 뿐이다.

내게 사진을 찍는 것은 대상과 접촉하는 것이고, 그 접촉하면서 만들어진 충돌이 여러 생각으로 번지기 때문에 사유하는 데 더할 나위 없이 좋은 행위이다. 그 안에는 사진에 대한 메시지도 있지만, 나만이 대하는 태도나 스타일도 있다. 스타일이 없는 사진은 재미가 없어 하고 싶지가 않다. 삶도 그렇다. 내 스타일이 있다. 그런 게 없으면 '내' 사진/삶이나 '나'만의 사진/삶 하기가 되지 않기 때문이다. 역지사지로 말해 보자면, 사진을 읽는 독자 또한 마찬가지다. 사진가의 시각이나 메시지만 이해하려 할 것이 아니라, 사진가가 사진을 대하는 태도나 그것을 표현하는 스타일에도 관심을 가지는 것이 사진을 가지고 서로 소통하는 일에 더욱 도움이 될 것으로 본다. 다시 사진가의 차원에서 보자면, 시각이나 메시지는 좋은데, 자기만의 스타일이 없으면 따분하고 식상하다. 그런 사람은 플라톤이나 바울만큼이나 재미가 없다. 그것이 예술이든 삶이든 내용만 있고 메시지만 있으면 무료하다. 거기에 감성이 곁들여져야 한다. 그래야 멋이 생기고 맛이 생긴다. 자기만의 스타일이 없는 것, 그런 사진은 하기 싫다.

　남들이 말할 때 이상하다고 하거나 이해해 주지 못하더라도, 나만의 스타일을 살리는 것, 그것이 사진하기고 나아가 삶을 살아가기다. 이는 글쓴이, 말하는 이, 사진하는 이, 정치하는 이, 그 모든 사람들의 그 속내와 의미를 알아차리고자 하는 독자로서, 청자로서 우리 모두가 함께 나눴으면 하는 말이다.

근대인은 과학을 세우고 이야기를 버렸다

인도, 웃따르 쁘라데시, 바라나시, 2019

혜자(惠子)가 장자(莊子)에게 말했다.
"자네의 말은 아무 쓸모가 없다네."
장자(莊子)가 말했다.
"쓸모없음을 알아야만 비로소 쓸모가 있음에 대해 더불어 말할 수 있다네. 무릇 천지(天地)는 넓고 또 크지 않은 것이 아니지만 실제로 사람이 필요로 하는 것은 발로 밟는 크기만큼의 공간일 뿐이지. 그러나 그렇다고 해서 발의 크기를 측량하여 그 공간만 남기고 주위의 나머지 땅을 깊이 파 황천(黃泉)까지 도달하게 한다 치면, 그러고서도 발 딛는 공간이 사람들에게 여전히 쓸모 있는 땅이 될 수 있겠는가?"

―『장자』

내 눈높이쯤에 신의 얼굴을 한 어떤 가면이 나뭇가지 잘린 곳에 걸려 있다. 처음엔 갓 베어낸 날카로운 가지 터기와 지나다니는 사람이 부딪히지 않도록 보호하기 위한 조치인가, 하고 생각했는데, 그건 아닌 듯하다. 힌두교 세계는 범신론 위에 있다. 세상 모든 존재에 본질이 있고, 그래서 세상 모든 존재가 다 신이다. 신은 항상 나와 함께 있다는 뜻도 되지만, 내 눈 앞에 있는 모든 것에 신을 모실 수도 있다는 뜻도 된다. 누군지 모르지만, 저 가지 잘라낸 터기를 보고서 그곳에 신을 모시고 싶었을 것이다. 신을 모시게 되니, 가지를 잘라 보낸 저 나무는 히에로파니(hierophany, 聖顯)가 되는 셈이다. 우주의 중심이 되는 나무, 그것이 당산나무든, 신단수든, 보리수든 간에 나무는 항상 재생하여 세계의 중심으로 우뚝 서는 존재다. 그러니 저 가지 터기에 신을 모시기에는 최상의 맞춤이지 않을 리가 없다.

  신이 만드는 세상이 아름다워야 신에게 감사한 것이니, 신을 모시는 곳을 최대한 아름답게 꾸며야 한다고도 생각했을 것이다. 그래서 모든 미적 감각을 동원해서 색감도 맞추고, 모양도 꾸몄다. 신의 모습은 인간이 소망한 바에 따라 만들어진다. 신의 이야기는 팍팍한 삶에 좌절하지 않고 희망을 갖고자 만든 인간의 이야기다. 그래서 신의 모습은 항상 인간 그대로 닮아 있다. 신이 있는 곳에 인간이 있어야 하고, 신 안에 인간이 있는 것이다. 신의 이야기가 그리는 세계는 총체적이다. 어느 하나가 떨어져 나가 독립적으로 기능을 하는 것은 없고 모두가 다 태곳적부터 연결되어 있다. 그래서 항상 유토피아를 그린다. 파편화된 삶으로부터 벗어나고자 하는 바람이다. 좌절을 딛고 일어서기를 희구하는 것이다. 인간은 신을 닮고 싶은 것이다. 지금 사는 세계는 인간이 배제되어 있기 때문에.

고대에는 사람들이 상상으로 만들어진 세계를 넘나들었다. 실제니 실체니 그런 것만이 근거가 되고, 그런 것만이 존재의 의미를 부여받는 것은 아니었다. 그래서 이야기를 만들어내고 그 이야기 안에 하고 싶은 메시지를 담아 서로 소통하였다. 그 세계 안에서 무엇이 실재이고 무엇이 가상인지를 묻는 것은 어리석은 자들이나 하는 일이었다. 근대 이후 이러한 세계관은 폐기되었다. 오로지 실체와 과학만이 세계의 근거가 되고, 의미라는 것은 그에 종속된 부분일 뿐이다. 이야기는 문학 속으로 쫓겨났고, 삶에 아무런 도움이 되지 않는 천덕구니 취급을 받는다. 이야기가 사라지는 곳에서 놀이가 살아남아 있을 리 만무하니 인간은 바야흐로 놀이를 빼앗긴 일과 성취의 노예가 된다. 그 와중에 인간이 만들어낸 신의 이야기는 권력과 물질을 그러모으는 최고의 수단이 되었다. 인간이 들어 있는 신의 이야기는 사라지고 인간을 조종하는 신의 이야기만 살아 역사한다. 신의 이야기에 어려움에 도전하고 그것을 극복하여 인간 세계를 세우는 모습은 사라지고, 신이 군림하고 인간은 그에게 복종하도록 요구받는 종교만 있다. 만들어진 신의 이야기를 굳이 과학으로 증명해야 할 필요가 없음에도 그들은 꾸역꾸역 증명하고자 한다. 이야기를 과학과 같이 하찮은 것으로 격하시키는 짓이다. 만들어진 이야기를 꾸역꾸역 실재하는 역사적 사실이라고 우긴다. 이야기를 객관과 같이 탈인간의 영역으로 격하시키는 짓이다. 모든 사람이 과학을 섬기고, 객관을 숭배하면서 자유롭게 놀이하고, 자유롭게 창작하면서 바라고 빌고 상상으로 만드는 인간 원초의 세계를 상실해 버린 것이다. 근대인은 과학을 세우고 이야기를 버렸는데, 버려진 게 사람이더라는 이야기다.

신이 저곳에 있으니 그와 꼭 닮은 인간의 모습이 그와 함께 사진에 있어야 했다. 저 신의 모습을 닮은 누군가가 지나갈 때까지 기다리기로 했다. 얼마나 지났을까? 한 여인이 시야에 들어온다. 낮은 데로 임한 신과 함께하기에 충분히 낮은 그저 그런 보통 사람의 행색인 것이 내 마음에 쏙 들었다. 신의 얼굴에 포커스를 맞추고 인간의 모습을 포커스 아웃 하기로 애초부터 작정을 하고 있었다. 인간이 자신들의 삶에 의미를 두고자 만들어낸 신의 이야기가 거꾸로 작동하여 그 만들어진 신 때문에 인간이 좌절되는 종교를 말하고 싶어서였다. 신의 이야기란 상상이고 그 바탕은 인간이 인간답게 살고자 하는 것이 깔려 있는 건데, 그 상상이 실체가 되어 인간을 압살하는 형국이 되어 있음을 말하고 싶은 것이다. 그 안에 우리 모두가 있음을······.

인도, 웃따르 쁘라데시, 알라하바드, 2019

가장 좋은 것은 물과 같다.

물은 온갖 것을 잘 이롭게 하면서도 다투지 않는다.

─『도덕경』

　카메라를 든 사람은 폭력적이 된다. 사진을 찍는다는 것이 대상을 단순히 보는 것을 넘어 해석하고 결국 자신이 원하는 바에 따라 전유해 버리는 행위이기 때문이다. 그 과정에서 대상을 마음대로 연결시키거나, 자르고, 죽여 버리거나, 사라져 버리게 하기도 하는 등 무소불위의 권력을 사용하기 때문이다. 특히 디지털로 찍는 경우 폭력적 재단은 훨씬 배가되는 게, 이렇게도 찍어보고, 저렇게도 찍어보고, 온갖 방법으로 대상을 자유자재로 조리하기 때문이다. 이 사진의 경우도 그러하였다. 이렇게도 찍어보고, 저렇게도 찍어보다가, 순간적으로 저 기인의 몸뚱아리의 육성肉性을 강조하고 싶어 머리를 잘라버렸다. 머리를 자른 통돼지

구이를 염두에 두고 한 나의 전유다. 저이가 무슨 존재이든 어떤 행동을 하든 나는 저이를 이렇게 보았다는 것이다. 그 머리를 자르는 것이 윤리적인지 아닌지의 문제를 말하는 것이 아니다. 말로 머리를 자르든 글로 머리를 자르든 그림으로 자르든 자른다는 것은 동일하지만, 그것을 받아들이는 느낌은 사뭇 다르다. 사진이 가장 충격적이다. 세계를 보고 사유하고 이미지로 재현하는 자가 누리는 인간으로서의 권리라 하지만, 사진은 다른 매체보다 훨씬 폭력적이다. 사진은 누가 봐도 직설적이고 리얼하기 때문이다. 내가 잘라버린 저 사람은 내 사진을 보는 모든 사람에 의해 영원토록 머리 잘린 사람으로 박제당한다. 자신의 본질과는 아무런 관계가 없는 일이다. 세계를 재단하는 권력을 가진 자의 폭력이다. 카메라를 든 이가 세계를 전유하는 일은 너무나 짧은 순식간에 이루어진다. 그 행위가 별 어려움 없이 너무나 쉽고 편리하게 이루어지는 것은 두말 할 필요도 없고. 카메라라는 기계를 대동하여 만들어내는 사진, 너무나 무서운 도구다.

머리를 잘라서 나는 무엇을 말하려 한 것인가? 힌두 사회에서 저런 사람을 두고 사두sadhu라 부른다. 세상을 부정하므로 세상을 포기하고 떠나버린 사람이다. 산 속 깊이 들어가, 뭔지는 모르지만 진리를 찾고 깨달음을 추구하는 사람이다. 그 사람들이 12년에 한 번씩 저 장소에 모인다. 그때가 되면 속세에 사는 사람들이 인산인해로 모여 저 사람들에게 축복을 구한다. 세상을 버린 사람에게 세상에 대한 축복을 구한다는 것이 참으로 아이러니하고 패러독스하지만 그들은 그런 세계에 산다. 꼭 소비의 대상으로 전락한 힌두교 기세棄世의 세계관에 대한 변명이라고 할지는 모르겠지만, 사실 이런 소비화는 힌두 세계만 그런 것은 아니다. 사람들은 권력을 소비하고, 버림도 소비한다. 이미 인간 세계가 하나의 거대한 소비 체계 안으로 깊숙이 들어와 버렸기 때문이다. 나는, 바로 이 욕망을 버리고 정진을 하는 세계관이 어찌 욕망 속에서 허우적거리는 것이 가능한지를 사유하고 싶다. 그들이 세계를 포기하고 떠남이 그렇게나 급진적이었으니 그대들의 그 정진이 세상에 오랫동안 울림을 주었으면 하는 바람이었다. 그렇지 못한데 대한 회한을 말하고 싶은 것이다. 그렇지만, 인간세에 대한 반성이고 나에 대한 반성이다.

저이들이 수행하는 방식은 여럿 있다. 죄의 뿌리를 말에다 두는 이는 묵언默言정진을, 게으름에 두는 이는 불와不臥 정진을 한다. 저이는 그 죄의 뿌리를 좆에 두었다. 그래서 그 좆을 극복하려 그 기능을 완전 마비시켜 버렸다. 이제 좆은 단순히 아랫도리 어디쯤에 붙어 있는 한 살덩어리가 되어 있다. 거기에 끈을 묶고 온갖 기행을 한다. 긴 막대기를 그 살덩어리에 달고 그 위에 사람을 태우더니, 지금은 거기에 끈을 묶어 자동차를 끈다. 쉬바 신의 염력이 함께한다는 주문을 큰 소리로 염송하고서, 한다. 주변 사람들 모두가 따라서 염송을 하나로 소리친다. 염송이 기합이 되어 버렸다. 참으로 기이한 세계다. 굳이 그들이 말하고자 하는 바를 이해 못할 바도 없지만…….

욕망을 버릴 수 없음을 잘 안다. 욕망의 무한함 또한 잘 안다. 욕망의 속성을 잘 알면서도 욕망으로부터 자유로울 수 없다는 것은 인간을 둘러싸는 모든 상황에서 인간답게 잘 살아가고 있다는 뜻이 될 것이라고도 본다. 인간의 의지로 욕망을 버리는 것이 아니고 인간의 관계로 욕망에 순응해 살아가는 것이 인간세의 이치이기 때문이다. 어떤 것에서 성공한다는 것도 마찬가지다. 그 성공이라는 것이 자신의 의지가 뛰어나서가 아니고 그것을 달성하고 욕망을 잘 제어하고 그 상황에 잘 순응해서였을 것이다. 뭔가를 이루어내지 못했을 때도 마찬가지가 된다.

나는, 어떤 특별한 것에 대한 믿음을 갖지 않는다. 믿음이 없기 때문에 환상에 빠지지도 않는다. 상황에 따라 변해야 할 때 변하는 것이 사람 사는 이치라고 믿는다. 욕망도 마찬가지고 성공도 마찬가지다. 다만, 상황에 따라 변할 뿐이다.

공간의 낯섦

인도, 웃따르 쁘라데시, 바라나시, 2019

라디오와 텔레비전이 없는 술집에서 사람들과 만나기, 각종 치료 요법 없이 고통을 겪어내기, 의료의 감시 하에 이루어지는 살해보다 '죽는다'는 자동사로 표현되는 행동을 택하기 등의 재발견을 일부러 축복과 은총이라고 말합니다.

— 이반 일리치, 『과거의 거울에 비추어』

사진에 대한 담론에서 사람들은 시간에 대한 고민들은 많이 하는데 그에 비해 공간에 대한 고민들은 그다지 하지 않는다. 대체적으로 공간은 고정된 것으로, 역동성이 떨어지는 것으로 파악해서 그럴 것이고, 시간은 사진이라는 존재의 흔적, 사라져 버리는 그 자국을 남기고, 그것들을 통해 변화를 가져와 변증법적인 것으로 이해하는 경향들이 많아 그럴 것이다. 그런데 막상 사진을 찍을 때 눈으로 가장 고려를 많이 하거나 고민하는 것은 사실 시간보다는 공간이다. 공간이란 생각하는 차원에서 만들어지는 것이 아니고, 살기 위해 만들어지는 것이다. 반면, 시간은 우리에게 생각하는 실마리를 제공해 준다. 그렇지만, 생산 혹은 생명과 관련해 시간보다 더 직접적으로 피부에 닿는 대상이 공간이다. 무릇 모든 공간은 비어 있었다는 사실로부터 출발한다. 그래서 공간은 비어 있는 것을 채우는 것에 따라 그 성격이 달라진다. 사진가가 어디를 가나 공간의 성격에 눈을 집중하고 생각을 하는 것은 바로 이 빈 것을 채워가면서 만들어지는 과정과 관련되어 있고, 이는 다시 삶의 궤적과 관련된다. 그렇지 않은 공간은 사실 사진의 대상으로 별 의미가 없다. 공간은 곧 삶의 흔적이 된다.

여느 사진가들과 마찬가지로 나도 어느 도시를 가면 주로 시장통을 자주 찾는다. 그 이유는 아마 그곳에 삶의 궤적이 생생하게 있기 때문일 것이다. 시장은 다양한 삶이 다양한 공간으로 양식화되어 나타나는 곳이라서 사진으로 담기에 참 다채롭다. 인위적이지만, 도시의 다른 공간들에 비해 더 획일적이지도 않고, 어떤 기획에 의해 통제되는 정도가 적어서 삶의 여러 양식들을 날 것으로 보는 느낌을 받는다. 나는 공간을 단순히 물리적인 어떤 장소나 지리적인 위치로써 파악하지 않는다. 공간은 인간의 실천이라는 요소가 직접적으로 드러나는 것이기 때문에 그를 통해 인간과 외부와의 관계를 드러내보는 곳으로 본다. 그리고 그를 통해 그 인간이 처한 사회적 관계 혹은 주체의 정도를 파악하고자 한다. 사진하는 사람으로서 시간은 1년이든 10년이든 그 흐름을 겪으면서 파악해야 그 의미를 잡아낼 수 있지만, 공간은 그런 과정을 거치지 않아도 눈앞에서 바로 당장 파악할 수 있어서 더욱 관심을 갖기가 쉬운 것도 있을 것이다.

바라나시의 어떤 시장을 돌아다니던 중, 눈에 확 들어오는 공간을 하나 만났다. 하나의 층을 인위적으로 둘로 만든 곳이다. 어엿한 1층이지만 지하 느낌이고, 2층인데 꼭 1층 같다. 아래에는 자전거를 고치는 장인이 노동하며 사는데 그 머리 위로 작은 힌두교 사당을 하나 이고 있다. 전형적인 근대의 풍경이다. 공간은 원래 사람이 사는 공동체 안에 위치하고 그래서 그곳의 삶과 관련된 사람들이 만든 성격을 겪지 않고서는 접할 수 없는 곳이었다. 그 장소성은 물리적으로뿐만 아니라 심정적으로도 주변과 관계를 맺어야 그 성격을 파악할 수 있었던 곳이었다. 그러다 근대 이후 많은 곳에서 물질과 정신 양자 간의 조우가 없이 그저 잠깐 존재했다가 사라져 버린 곳으로 바뀌어 버렸다. 장소이되, 비장소가 되는 공간이다.

슈퍼마켓 같은 곳에서는 사는 사람도 있고 파는 사람도 있지만, 둘 간의 접촉은 없다. 돈이나 카드만 교환될 뿐이다. 사람은 사라지고, 손님과 점원만 있고, 승객과 운전사만 있으며, 환자와 의사만 있다. 인간이 살기 위해 만들어냈으나 인간 사이의 벽이 갈수록 커지면서 결국에는 인간이 사라져 가는 것이다. 내가 보는 저 희한한 곳은 장소가 비장소로 가는 도중에 있는 것처럼 보인다. 도시 시장에 있는 가게이니 사람들과의 장소적 만남은 많지 않을 것이다. 모두들 스쳐 지나가 버리는 관계뿐이다. 그렇지만 릭샤를 수리하러 오는 사람들은 손님이면서 친구가 된다. 둘은 비즈니스를 하지만, 그나마 인간의 정을 나누는 관계다. 그렇지만 요즘은 점차 그런 관계가 사라져 간다. 피할 수 없는 근대와 자본주의의 파장이다.

가난한 사람들은, 힘없는 사람들은 먹고 살기 위해 땅 속으로 들어가고, 죽지 않고 같이 살자는 말을 하기 위해 건물 옥상으로, 망루로, 교회 첨탑으로 올라간다. 아무도 그들의 외침에 귀 기울이지 않는다. 쳐다보지도 않는다. 귀머거리 장님의 세계다. 모든 곳이 장소는 탈각되고 비장소만 첩첩이 쌓인다. 그러면서 인간은 사라지고, 돈만 남는다. 분명하게 일상에서 보는 흔한 공간의 풍경이지만, 결코 인간이 자리 잡지 못하는 곳이다. 그 희한한 풍경은 다만 익숙해져 갈 뿐이다. 내가 카메라를 메고, 언캐니uncanny한 공간을 찾아다니는 것은 세상이 언캐니한데 다들 그 안에서 너무나 편안하게 잘살고 있기 때문이다. 그 언캐니함을 말하려 하고 싶어서다. 눈앞의 저 하나 같은 두 공간, 사람이 있는데 사람이 사라져버릴 운명이 주는 공간의 언캐니한 느낌은 순전히 나의 몫이기만 할까?

제3부

'봄'과 '나' 사이, 사진

• • • •

• • • •

• • • •

• • • •

　사진은, 니체의 언설을 빌려 말하자면, 해석이다. 텍스트가 아니다. 보고 싶은 것만 보는 것, 보여주고 싶은 것만 보여주는 것, 그것이 카메라를 둘러 싼 '봄'의 이치다. 좀 더 정확하게 말하자면, 눈앞에 존재하는 어떤 대상에 대해 사람의 눈으로 보는 것을 벗어나 카메라의 눈으로 보고 그 대상의 일부만을 취해 사람들이 보도록 재현하는 것이다. 인간의 눈과 카메라의 눈은 모두 절대적인 것이 될 수 없다. 사람이라 하더라도 이성과 감성을 통제하는 '나'에 의해 제어될 수밖에 없고, 기계라 하더라도 결국 그 사람의 눈에 따라 보는 것이 조절되고 통제될 수밖에 없다. 대상 가운데서 무엇을 보느냐, 왜 보느냐, 어떻게 보이게 하느냐를 정해야 사진하는 행위의 의미가 달라진다. 그러다 보니, 사진이란 '봄'과 '나' 사이에서 만들어진 행위의 결과다. 결국 '나'의 문제다.

'봄'의 이치는 그가 사람을 보든, 자연을 보든, 신의 상을 보든 그것은 그 대상의 본질이 드러내는 것을 보는 것일 뿐이다. 그래서 그것을 재현하거나 그 재현물을 전시하거나 숭배하는 것은 어떤 우열을 가리거나 그 질을 규정하는 것이 되어서는 안 된다. 이렇게도 재현할 수 있어야 하고, 저렇게도 전시할 수 있어야 하고, 또 다른 방식으로 숭배할 수 있어야 한다. 그것이 자연의 이치에 따르고, 세계를 운항하는 주체로서의 인간의 본질에 더 합당한 것이다. 그런데 사람들은 그리 하지 않는다. 사람들은 그 본질을 알현하려 하지 않고, 드러난 재현의 겉모습을 전시하고 숭배하려 든다. 종교가 그러더니, 물질이 그렇고 요즈음은 사진하는 것이 가장 그렇다.

중요한 것은 사진으로 말하고자 하는 것이 무엇인가를 우선 아는 일이다. 사진을 구성하는 세 가지, 카메라라는 기계, 그 기계로 대상을 취하는 '봄' 그리고 그 '봄'을 통제하는 '나'. 당신은 그 셋의 메커니즘 안에서 카메라라는 도구로 뽑아낸 이미지로 무엇을 말하려 하는가? 왜 그 많고 많은 도구 중에 사진이라는 것을 택하는지? 그림도 있고, 동영상도 있고, 글도 있는데, 왜 당신은 그 카메라라는 도구로 무엇을 말하려 하는지를 끊임없이 자신에게 물어야 한다. 혹시 카메라가 조작하기 쉽고 그것으로 뭔가를 말하기가 쉬워서인지는 아닌지 계속 생각해 봐야 한다. 그것이 바로 이 디지털의 시대에 글보다 그림보다 훨씬 보편적이고 강력한 영향력을 가진 사진으로 인문을 하는 일이다. '봄'과 '보임' 그리고 '보여줌'의 차이에 대해 사색해 보자. 그 사이의 차이가 나와 당신의 사이에서 어떻게 또 다른 차이를 만들어내는지 살펴보자. 모든 게 보기 나름이고, 보이기 나름이고, 보여주기 나름이다. 카메라를 가지고 사유할 수 있는 그 나름의 세계를 '봄'을 통해서 서로 나누어 보자. 그것이 사진으로 긷는 인문의 세계다.

어중간한 이야기꾼의 슬픔

인도, 델리, 2012

> 철학적 담론이 밖에서부터 타인들을 지배하면서 그들에게 진리가 어디에 있고 그것을 어떻게 찾아야 하는지를 말해 주고자 할 때 그 철학적 담론은 참으로 터무니없는 것이다.
>
> — 미셸 푸코, 『성의 역사 2』

사진가들이 좋아하는 시간, 오후 5시. 해가 넘어가려 준비를 하는 시간이다. 빛이 길게 늘어지면서 색 온도가 따뜻해지고 그늘과 그림자가 생겨 여러 면이 만들어지니 입체의 실재를 단면의 이미지로 만들어내는 사진의 입장에서는 참으로 고마운 시간이다. 보기가 다채로워져 미장센을 만들기가 한결 좋다. 그러니 입체를 단면으로 옮겨야 하는 운명을 지닌 사진가의 입장에서는 그나마 입체성을 살릴 수 있는 이 시간을 좋아들 하는 편이다. 그런데 그러다 보니 기록성이 강한 다큐멘터리 사진을 작업하는 경우, 사진이 특정 시각에 몰려버리는 일이 발생한다는 어려움에 봉착할 수 있다. 사건이라는 게 꼭 빛이 좋은 오후 5시에 일어나는 것이 아닌데도, 그 시각만 기록하는 것이 되어버리니 실제성이 좀 떨어지게 되어 버린다.

사진이라는 게 그 어떤 주제라도 일단 보기 좋아야 함은 자연스러운 이치고, 그런 차원에서 사진의 물성이 뛰어나야 한다는 사실에 대해서는 크게 이론의 여지는 없겠으나, 기록 사진이 특정한 어떤 시각에 몰리면 기록성에 치명타일 수 있다. 이를 방지하기 위해 사진가들은 이런 오후 5시 시각이 아닌 다른 시간에 사진 기록을 남기는 경우 플래시를 가지고 인위적으로 빛을 조절하기도 한다. 그렇지만, 그것 또한 무미건조한 그래서 전혀 아름답지 않아야 하는 어떤 대상을 그대로 재현하지 못하는 문제가 발생한다. 세상은 분명히 아름답지 못하는데, 왜 사진은 아름답게 그려야 하는가, 라는 오랫동안 사진의 논쟁이 되는 그 케케묵은 문제에 봉착하는 것이다. 이런저런 이유로, 내 경우는 그런 인공 조명 방식을 별로 좋아하지 않는다. 예술이라는 게 아름다워야 한다는 데 동의하지만, 그 아름다움이라는 게 형식적 미가 우선적으로 중요하여야 한다는 데도 동의하지만, 그 형식의 미가 틀에 박힌 듯, 누구나 다 어디서나 다 같은 방식으로 나타나는 보편적 표현 방식에 의한 것은 아니라는 생각을 가지고 있다.

여러 가지 일로 인도에 간다. 연구나 조사하러 가기도 하고, 세미나 같은 데에 참석하러 가기도 하고, 그냥 돌아보기 위해 가기도 한다. 그 어떤 경우라도 오후 5시가 되면 대개 일과는 마무리되기 십상이다. 한국과 같이 무슨 뒤풀이가 있는 것도 아니고 해서 오후 5시 일과가 끝나는 무렵이 되면 나는, 대개 카메라를 메고 내가 있는 곳 주변을 돌아다니곤 한다. 막상 어디를 딱히 정해 놓고 가는 것은 아니니 발걸음은 대개 자연스럽게 흐르는 대로 맡겨진다. 무슨 왁자지껄한 일이 벌어지는 곳 혹은 사원이나 시장으로 가지만 그렇지 않으면 대개 좀 후미진 곳으로 간다. 뒷골목에 사람 사는 맛이 나는 풍경이 있어서 그렇고, 내 청춘 처음 인도에 와 많이 놀랐던 그 추억이 여전히 담겨져 있어서 그렇다. 그곳에 가면 일하는 사람이 있고 그 일하는 사람 풍경은 내 작업의 큰 주제와 어떤 형태로든 연계가 된다.

어느 날 델리 자마 마스지드Jama Masjid를 다녀온 후 안사리 로드Ansari Road 책방 거리를 가러 뒷골목으로 길을 접어드니 일련의 노동자들이 삼삼오오 모여 잡담을 한다. 짐꾼들이다. 빛이 저들을 저렇게 보이게 해서만도 아니고, 대개 저 사람들은 원래 저렇게 평안한 모습을 한다는 생각을 한다. 저들, 소위 사회 밑바닥에 있는 저 막노동자들에게는 역사가 없다는 생각도 하고. 자기 목소리를 갖지 못하고 내지 못해서 그렇다. 저들의 역사는 오로지 나 같은 타자의 시각을 가진 자에 의한 사료로만 재구성되는 경우밖에 없다고들 말하곤 한다. 그런데 내가 아무리 저들 안에 들어가 저들의 삶을 기록한다 해도 그것은 결국 참여이고 관찰일 수밖에 없다. 그 자체일 수는 없기 때문이다.

푸코의 말마따나 비정상 정신병을 다루는데 병을 앓지 않는 정상 의사의 시각으로 하는 것이 근대의 산물이다. 그러니 그게 제대로 될 수가 없다. 의사는 정상인의 이성으로 보고 정신 이상자는 그 이성의 세계에서 존재를 박탈당해 감정으로 말을 하니 그 치유가 될 수가 없는 것이다. 둘은 크게 봤을 때 같은 이치다. 스스로 자신의 목소리를 내야 그게 진실인데, 소수자는 자신의 목소리를 내지 못하고 기껏 해봤자 알아들을 수 없는 괴이한 소리밖에 내지 않는다. 그걸 다수 혹은 권력을 가진 자들은 외면할 수밖에 없고. 그들 스스로 목소리를 내도록 할 때까지 기다려야 하는데, 언제까지 기다려야 하는가. 그때까지 기다릴 수 없다면 나 같은 타자가 저 사람들과 동일하게 되어—참여하여 관찰하는 것이 아닌 수준으로—그 위에서 기록을 할 때 가능할 텐데…… 다수와 정상이라는 권력자들이 설정한 세계 안 어딘가에 그 두 공간이 함께 공존하는 것이 과연 가능할까? 어떤 진실의 공간이 가능할 것이냐는 질문이다.

사진가는 그런 기록을 할 수 없다. 사진가가 하는 건 그저 스쳐 지나가는 객이 이런저런 생각나는 것들을 이성의 언어가 아닌 감성의 소리로 전하는 허탄한 짓일 뿐이다. 그 안으로 들어갈 수도 없지만 무심코 스쳐 지나가지만도 못하는 어중간한 이야기꾼의 슬픔일 수밖에 없다.

사진으로 긷는 인문

인도, 델리, 2018

> 텍스트는 이미지를 '주해'하지 않으며, 이미지가 텍스트를 '설명'하지도 않는다. 나에게는 각각이 일종의 시각적 불확실성의 시초이며, 선에서 깨달음이라 일컫는 의미의 상실과도 비슷하다. 텍스트와 이미지는 서로 엇갈리면서 몸, 얼굴, 글쓰기라는 기표를 확실하게 순환시키고 교환하며 그 안에서 기호의 퇴각을 읽으려 한다.
>
> ─ 롤랑 바르트, 『기호의 제국』

사진은 평면이다. 실재 현실은 입체고. 공간이 서로 다르면, 사실은 전혀 함께 존재할 수 없지만, 하나의 물리적 지면 안에 속할 수 있게 되는 게 사진이다. 오래전 나온 영화 「사랑과 영혼」에서 말하는 그 사랑은 그런 물리학의 원리마저 깨버리는 신파극을 만들어냈지만, 사실 그런 서로 다른 공간에서 하나의 기능을 하는 예는 현실 세계에는 존재할 수 없다. 그렇지만 그런 차원 간의 소통을 하고 싶은 염念을 갖는 것은 사람이라면 장삼이사 누구든 몇 번의 경험을 갖고 있을 것이다. 돌아가신 외할머니를 만질 수는 없다더라도, 앞모습이 아닌 뒷모습만이라도, 단 한 번만이라도 보고 싶다던 우리 엄마나 돌아가신 장모님이 꿈에 나타났는데,

분명히 돌아가셨는데 왜 집에 계시지 하는 의아심에 문고리를 놓아버리면 사라져 버릴 것 같아 문고리를 끝까지 잡고 있었다는 며칠 전 아내의 눈물을 사진으로 그리고 싶었다. 함께할 수 없는 어떤 안타까움 말이다.

안개가 짙은 델리의 겨울, 중앙아시아에서 건너온 무슬림 유목민 정복자들이 북부 인도를 평정하고 델리에 도읍을 정해 거대한 승전탑 꾸뜹 미나르Qutb Minar를 세워 기념한 곳. 안개가 너무 자욱해 아무것도 제대로 볼 수 없다. 눈앞에 나무 한 그루가 극히 낮은 채도로 서 있는 반면 바로 눈앞에는 공원의 한 표지판이 아주 높은 채도로 서 있다. 표지판에는 영어로 출구라고 적혀 있지만, 그것도 중간에 잘렸는데 보통 사람들에겐 이상한 기호로 보일 힌디Hindi 데와나가리Devanagari 문자로 '출구'가 그 위에 '그려져' 있다. 둘은 모두 이 공간의 맥락에서 이 사진을 보는 한국 사람들에겐 기본적으로 아무런 의미도 생성하지 않는 기호다. 그래서 이미지로 나타난 이곳은 어떤 실체가 아니다. 거리가 떨어지면 차원이 달라지는 것인가. 이쪽에서 만질 수 있는 세계를 저쪽에서는 만질 수 없는 것이 되는가. 이쪽은 색色의 세계고 저쪽은 공空의 세계가 되는 것인가. 의미 없이 보는 절간 처마에 그려진 실담悉曇문자든, 의미 없이 듣는 불경 만뜨라mantra든 모두 신앙의 세계에서는 어떤 의미를 생성해 주는 어떤 기호가 되듯,

저 둘의 관계를 눈으로 볼 때 갖지 못했던 느낌이 사진으로 보면 예기치 못하게 삐져나온다. 역시, 사진은 확실히 감각적이다. 그것이 실체 아닌 상상을 말하기에는 더할 나위 없이 좋은 도구가 된다.

실체와는 다른 어떤 세계는 카메라를 들고 말을 하고 싶은 욕구를 들게 한다. 그것이 실체가 아닌 허구일지라도, 글쓴이들이 글을 쓰고 싶듯, 카메라를 든 이는 그 모습을 카메라에 담아 속내를 털어 나누고 싶다. 나는, 이렇게 느꼈는데 당신은 어떻게 느끼셨는가? 같아질 필요도 없고, 그 차이가 어떤 일치를 봐야 할 것도 아니다. 실체가 아니니 그저 감각을 내던져보는 관념의 유희다. 의미가 소거되고 느낌만 왔다갔다하는 놀이, 현대인에게는 참 좋은 쉼터가 된다. 소통하는데 항상 의미가 중요한 것만은 아니다. 무의미라는 것이 피해야 할 것이라면 규정된 의미 또한 피해야 하는 것 아닌가. 무의미와 의미, 그 둘을 만나게 하려면 상징과 은유의 세계로 들어가면 될 듯하다. 대승 불교의 스승 나가르주나Nagarjuna가 말하는 세계, 가버린 것은 가버린 것이 아니고, 가버리지 않은 것 또한 가는 것이 아니고, 가버린 것과 가지 않은 것을 배제한 지금 가고 있는 중인 것은 이해될 수 없는 것이라는 세계. 이러한 세계는 시의 세계에서 열린 느낌으로 주고받음으로 가능해지는 것이 아닐까. 침묵으로 말하는 법을 통해 깨달을 수 있는 건 아닐까. 돌아가신 이를 만나는 방법이 이것밖에 없다면, 그것으로 되는 것은 아닐까. 이것이 실체 없는 꿈이라고 무의미한 것이라고 말해야 한다면 세계는 너무 슬프지 않을까? 도대체 왜 사는 것인데?

꿈의 언어는 낯설다. 이해할 수 없는 세계의 일이기 때문이다. 그 언어를 꼭 현실 세계의 언어로 이해하려 하는 것은 너무 삭막하다. 그것은 그리움이고 사무침이지 의미와 논리의 영역이 아니다. 불가능의 영역은 그저 그대로 두어 알아 가면 될 일이다. 이해는 하지 못하지만, 기운은 통하고 그것이 소통으로, 치유로, 번져 갈 수 있을 일이다. 있는 그대로 두는 상태, 그것이 공空의 세계이자 텅 빈 충만이라는 선禪의 세계다. 그 안에서 이해하고 소통하는 것은 오로지 '나'를 중심으로 있을 뿐이다. 객관도 없고 증명도 없다. 짧고 강렬한 감정을 내뱉는 것, 어떻게 보면 소통하지 않음으로써 소통이 이루어지는 세계다. 그러니 목적이 없는 곳이지만, 지극히 인간다움의 세계다. 사진으로 걷는 인문의 세계가 바로 여기에 있다.

내 사진에 보편의 칙은 없다

인도, 웃따르 쁘라데시, 사르나트, 2009

> 우리 모두의 의견이 일치해 어떤 것을 참된 것으로 간주
> 할 때조차 그 참된 것의 전제적 지배에 반대해야 한다.
>
> — 니체, 『서광』

누군가가 남긴 말 한 마디가 철칙처럼 굳어져 버린 경우가 있다. 매그넘 소속 다큐멘터리 사진가 로버트 카파Robert Capa가 남긴 말, 당신 사진이 마음에 안 들면 대상에 더 가까이 붙으라는 그 말이 바로 그런 것 가운데 하나다. 틀렸다. 그에게는 맞지만, 그것이 항상 맞는 것은 아니기 때문이다. 그것은 로버트 카파같이 사진을 찍을 경우에는, 그럴 수 있다. 치열한 현장을 기록으로 남기고자 한다면 꼭 카파가 의미하는 바 물리적인 거리뿐만 아니라 방법론적으로도 그 사건이나 주인공에 대해 더욱 가까이 붙어야 좋은 기록이 나온다. 인류학적 용어로 말하자면 라포rapport를 형성하는 것이다.

그런데 그런 사진이 아닌 좀 더 먼 관계를 찍고 싶은 경우도 있다. 사람들 사이에 섬이 있다는 시인 정현종이 그리는 그런 세계 말이다. 사람들 사이에 부유하는 그 섬을 사진으로, 시로 쓰려 해도 저토록 붙어야 하는 것은 아니다. 거리 사진을 찍는다는 것은 그것이 풍경이든 풍경이 아니든 간에 사람을 찍는 것이다. 거리 사진에 사람이 나타나지 않아도 그건 사람 사진이고, 그곳에 사람이 점처럼 찍혀 있어도 그것 또한 사람 사진이다. 그것은 사람 사는 세계가 갖는 피할 수 없는 속성, 사람은 사람과 사람 사이에 있으나 그 사이에 항상 섬이 있기 때문이다. 시인이 노래한 바, 사람들 사이에 섬이 있고, 그 섬에 가보고 싶은 그 섬 말이다. 가보고 싶으나 아무도 갈 수 없는 그 섬을 사진으로 재현하고 싶은 충동이 들 때, 나는, 사람을 은닉시키거나 멀리 떨어지는 방식을 택한다.

니체는 이렇게 말한다. 병자는 건강한 사람이 거리낌 없이 거니는 저 안개에 둘러싸인 편안하고 따뜻한 세계를 경멸과 함께 상기한다, 라고. 소름끼치는 눈이다. 도덕으로부터 벗어나 실제로 죽음 앞에까지 가는 질병의 고통을 당해본 몸에서 나온 처절한 철학이다. 이를 역의 경우로 생각해 보는 것 또한 타당하다. 건강한 사람이 병자가 보는 저 불안하고 흔들리며 파괴적인 세계를 따르고, 숭앙하며, 생각의 토대로 삼는 것은 모순이라고 말이다. 건강한 사람이 병자의 세계를 제대로 소화할 수 있을까. 소화할 수 있다면, 결국 그는 병자가 되는 수밖에 없는 것 아닐까, 라는 방식의 세계관을 가져보는 것, 바로 그곳에서 세상을 보는 눈이 자란다. 노동자는 노동자대로, 부르주아는 부르주아대로 사는 방식이 제대로 된 눈이다. 누군가 만들어놓은 도덕과 원칙의 테두리 안에 들어가지 말고, 시혜의 차원으로 내려주는 개혁의 기수로 서지 말고, 정해진 단일성의 신화 안으로 가지 말고, 너는 너대로, 나는 나대로 가는 그 세계가 옳은 거 아니냐는 판단 말이다. 가난하고 소외당하는 노동자가 자본의 편에 서는 그 비굴함이나 나 같은 부르주아가 그 노동자 편에 선다고 의지를 보이는 건 일종의 역겨움이 아닐까. 도덕이자 위선이 아닐까. 나로선, 내가 노동자가 되지 않는 한, 그건 위선이다. 이런 걸 어떻게 사진으로 말할 수 있을까?

어느 불교 성지에 태국의 승려들이 순례를 왔다. 모두 그 자리에 앉더니 독송을 한다. 머리 위로 실이 길게 서로서로를 잇는다. 인드라망이다. 아침 이슬 한 방울에 인연계의 모든 존재들이 다 비치는 그 인드라망 말이다. 그 실을 찍고 싶었다. 중으로 표상되는 저 우매한 존재들 사이를 이어주는 실이 내 눈에 들어온다. 중한 사람 곁으로 바짝 붙었다. 의례가 갖는 비非본질성에 대해 재현하고 싶어졌다. 저이는 내 카메라질 때문에 자신이 하는 묵상에 방해를 받았을까? 나는 내 목적을 위해 무례함을 저지른 것일까? 깨달음을 위해 가는 여정에 온통 장애물로 가득 찬 세계라서 그는 괜찮을 것인가? 이런 행위의 판단은 내가 하는 것일까, 그가 하는 것일까? 처음 실을 찍고 싶어서 붙은 나는 결국 종교와 의례에 대한 생각으로 흘러갔다.

    사진은 세계를 재현하는 것이다. 그런데 세계를 드러내는 건 자신이 드러내고자 하는 것 일부를 드러내는 것일 뿐이다. 자신이 보는 것, 자신의 방식으로 보는 것, 그 일부가 세계 전체를 보는 것, 세계 전체를 보는 방식이 될 수는 없다. 어떤 사람이 세계를 잘 드러냈다고 해서 그 방편이 보편의 칙이 되는 것도 아니고, 그 방편이 나의 것이 될 수도 없다. 그의 세계가 나의 세계가 아니기 때문이다. 그럼에도 그의 방식을 나의 것으로 삼아 따르고 숭배하는 것은 나의 비굴함 때문이다.

나는 과함의 경계에서 이야기를 찾는다

인도, 웃따르 쁘라데시, 러크나우, 2009

—

생산성이 일정한 지점에 이르면 규율의 기술이나 금지라는 부정적 도식은 곧 그 한계를 드러낸다. 생산성의 향상을 위해서 규율의 패러다임은 '성과의 패러다임' 내지 '할 수 있음'이라는 긍정의 도식으로 대체된다.

— 한병철, 『피로사회』

뭉클한 사진이다. 저 모습도 언젠가는 사라지겠지만, 아직은 30년 전이나 40년 전이나 지금이나 변함없이 인도의 한 자리를 차지하는 풍경이다. 저 사진이 뭉클한 것은 그 안에 사람이 있기 때문이다. 저이를 돕고 싶어서 이런저런 갈등을 뿌리치고 무거운 가방을 들어달라 한다. 그렇지만, 어찌 저 무거운 것을 들어달라고 하나? 아니, 그러면 내가 일을 안 시키면 저이는 뭐 먹고 사나? 하는 작은 갈등이 도돌이표 되어 끝없이 쿵쾅거리던 그때 그 시절의 마음 쓰임은 아직도 크게 다르지 않다. 순간, 얼른 눈대중으로 30킬로 정도 되는 짐을 머리 위에 얹고 뛰며 계단을 올라가는 꿀리 한 사람이 눈앞을 스치듯 지나간다. 마치 황야의 무법자 속사포 쏘듯 본능적으로 샷을 한 방 쐈다. 저이의 허락도 없이…… 빛도 자연스럽게 부족하고, 저이는 짐을 올리자마자 뛰고, 나는 기계의 운명에 맡긴 채 셔터를 누른다.

저 이미지 안에는 내가 보지 못하는 희한한 세계가 펼쳐지리라는 설렘과 함께 셔터를 누른다. 사람의 눈으로는 저 움직임을 보지 못한다. 엄밀히 말하면, 속도에 의해 전혀 달리 규정되는 저런 변화하는 풍경을 사람 눈이 굳이 인식할 필요는 없다. 사람의 눈은 시신경과 뇌라는 인식 장치에 의해 규정되고, 그것으로 기억되기 때문이다. 굳이 디지털같이 1/100과 1/50 혹은 1.5로 정해지는 시간의 단위 안에서 발생하는 변화를 감지할 필요가 없는 것이다. 대상이 빨리 움직이든 늦게 움직이든 시신경이 놓치지 않는 것은 모두 포착한다. 사람이 사는 세계의 영역은 모두 그렇다. 굳이 분별하고, 쪼개고, 칸막이 치고 할 필요가 없는 세계다. 그것이 원래 사람이 사는 법이었다.

기계가 잡아낸 꼬리가 길어진 잔 동작의 흔적으로 인해 저이가 저렇게 빨리 움직이는구나, 라는 사실을 알게 되는 것은 그만큼 우리가 사람이 아닌 기계에 의존해 사는 문화에 익숙해져 있기 때문일 것이다. 스피커 볼륨을 높여야 비로소 들리는 것, 숲 속에 들어가서 자작나무 사이로 불어오는 봄바람 소리는 듣지 못하는 것, 봐도 알고 안 봐도 아는 그 진실을, 증거를 들이밀어 줘야 새삼스럽게 알아차리고, 심지어는 경악을 금치 못한다는 것, 이 모든 일들이 인간의 감각이 무시당하고 그 자리에서 기계와 디지털이 똬리를 틀어 주인 행세를 하는 세계 속에 우리가 살기 때문이다. 저 노동하는 인간을 사람의 눈으로 보면 아름답지도 자극적이지도 못한 그저 그런 일상 가운데 하나로 보이는데도, 저 사람의 노동을 기계로 찍어내면 어쩔 수 없이 발생하는 빛, 궤적, 문양 등이 평범한 이미지를 거부하기 때문에 우리 마음에 자극적인 파문을 일으키는 것이다. 그런데, 그 파문이 사람을 향하는 것이 아니고, 이미지를 향하는 것이라서 사람이 실체인 저이가 사는 세계에 저이와 우리에 대해서는 아무런 변화의 추동을 발휘하지 못한다. 이미지는 이미지로 존재할 뿐, 세계 변화에 그 어떠한 힘을 제공하지 못하기 때문이다. 그런데도 우리는 이미지에 익숙해 살기를 그토록 바란다.

속도가 삶이 살아가는 어떤 정도를 벗어날 때는 그것은 과하게 되는 법이다. 그렇다면 그 과함이라는 것이 어느 정도부터인지를 어떻게 알 수 있을까? 나는 과함의 경계를 이야기에서 찾는다. 어떠한 행동이든지 그것이 진행되는 과정을 지나가면서 누군가를 만나고, 누군가와 나누고, 누군가에게 털어놓고, 나에게 들려주고, 나를 격려하는 어떤 이야기가 있는 행동은 적당한 속도라고 판단한다. 행동하는 과정 중에서 이야기가 사라져 버리면,

무엇을 위해 그 행동을 하는지를 알 수 없게 되고, 그 속에서 관계는 소실되고 애초의 의미는 망각돼 버리고 오로지 행동을 위한 행동을 하게 된다. 그것을 파악하지 못하면 기계로 파악할 수밖에 없는데, 그렇게 되면 대개는 그 속도를 제어하는 일에 실패하고 만다. 그것이 디지털 세계의 비극의 씨앗이다.

성실하게 살아온 당신, 이제 그만 성실해도 되지 않을까? 그저 남 하는 대로 평범하게 사는 것이 사람답게 사는 것이 아닐까? 평범한 것이 아름다운 것이 되려면, 진부한 것을 좋아하고, 일상을 사랑하는 삶이 되어야 하는데. 이보다 더 어려운 것이 또 있을까? 사진가도 이런 삶을 살 수 있을까? 굳이 롤랑 바르트의 표현을 빌려 말해 보자면, 강하게 찔리는 데서 오는 아픔, 격렬함, 자극이라는 개인의 풍크툼으로 가득 찬 사진의 세계가 아닌 누구나 다 알고 나누는 일상 같은 스투디움으로 가득 찬 사진의 세계를 더 추구하는 것이 그런 평범한 사진하기다. 그 안에 이야기가 있고, 그 안에 삶이 있고, 그 안에 나눔이 있는 그런 사진하는 삶 말이다.

다른 것과의 인연

인도, 마디야 쁘라데시, 웃자인, 2019

단지 자신의 행동은 인식하지만 그 행동을 결정한 원인을 모르는 것에서 이루어진 것이다.

― 스피노자, 『에티카』

물이 하늘이고 물이 생명인 곳, 실재가 신화에 의해 만들어지고, 신화가 다시 실재를 만드는 곳을 찾아간다. 그리고 일단 카메라를 들지 말고 아무 생각 없이 그냥 걸어보자고 되뇌며 강을 따라 걷는다. 성스러운 곳이라고들 하는데, 내 눈에는 그다지 성스럽게 보이지 않는다. 눈앞에 펼쳐지는 그 수많은 장면들, 힌두 세계에서 익히 보아온 것이어서 별로 속되지 않은 것도 아니고 별로 놀랄 것도 없는 그저 그런 의례들로 구성된 장면들이다. 강에서 펼쳐지는 그 사시사철의 그저 그런 풍경들보다 차라리 강가를 따라 조성된 가트ghat 계단들 위에 펼쳐진 만화경 속에서 접하는 사람 사는 세계가 더 흥미롭다. 그 많은 사람들 속에서 그 성스럽다는 장소 안에서 웃고, 먹고, 떠들고, 팔고 사고…… 꾸역꾸역 살아가는 그 삶이 더 성스럽다.

순간, 물에 떠 있는 것도 잠겨 가는 것도 아닌 신상 하나가 눈에 보인다. 신상은 물 밖에 있어야 하는 것 아닌가. 잠기지 않아야 하는 것 아닌가. 스치듯, 그런 감정이 들었다. 왜 그런 감정이 들었을까? 연신 잠겨 가는 모습이, 물이 흐르면서 때로는 그 물이 많아지고 때로는 적어지면서 그 상이 물속에 잠기다 떠오르고, 또 잠기다 떠오르는데, 꼭 잠겨버릴 것 같은 그 철렁거림이 왜 안타까웠을까? 어느덧 저 사람들 세계에 나는 동화되어 버린 것일까? 상태란 잠겼다가도 떠오르고, 떠오르다가도 결국 잠겨버리는 것일 텐데…….

저 잠기고 떠오르고 하는 것과 전혀 무관한 공간, 바로 내 눈앞에 한 여인이 있다. 저 신상과는 아무런 인연이 없는 다른 존재다. 그런데 그 둘을 함께 보고, 한 공간으로 넣어버리는 것은 사진가의 눈이다. 사진가의 기괴한 눈으로 그 둘은 한 의미를 만들어 낸다. 세계 내 존재라는 것이 홀로 독립적인 것이 아니고 다른 것과의 인연으로 의미를 부여받는 것이라면 별로 무리일 것은 없겠다는 생각이 들어서다. 세계 내에 존재하는 것은 자신이나 타인의 의지나 의도에 의해서가 아니다. 어떤 행위를 하든 그것을 행하는 자가 그와 같은 맥락에서 다른 어떤 행위를 하는 사람과 아는 듯 모르는 듯, 파악이 가능할 수도 있고 그렇지 않을 수도 있는 관계 안에서 서로 서로 연결된 결과다.

누구든 자신의 행위를 자기 의지로 선택하지는 않는다. 언뜻 자신의 의지와 힘에 의해 뭔가가 추동되는 것이라고 믿고 싶겠지만, 그 행위를 둘러싼 엄청난 분량과 크기의 보이지 않는 우연의 요소를 고려하지 않아서 하는 소리일 뿐이다. 심지어 그들은 자신들의 존재 역시 자기 고유 의지대로 자유롭게 선택한 것이 아니다. 그 존재조차 주변의 수도 없이 많은 조건들의 결과로 만들어진 것이다. 아침에 출근하면서 터진 자동차 사고, 지하철에서 아무 관계 없이 연루되어 버린 추행 사건, 북미회담의 타결 불발로 인한 과음과 건강 악화, 환절기에 발생한 장인어른의 건강 악화, 괜한 구설수로 인한 위원장 사퇴와 그로 인해 연기된 미팅 등은 적절하든 적절하지 않든 내가 우연히 그 시각에 그 자리에 있었기 때문에 일어난 일일 뿐이다. 모두 나의 의지 문제가 아니다. 그 힘이 무엇인지는 모르지만, 세계 내 존재는 그들끼리 뭔가 밀고 당기는 힘이 존재한다.

사진가는 그래서 그 힘을 활용하기를 즐긴다. 억지로 보는 것, 그것은 이성과 기획의 힘만을 믿는 일차원적인 사람들이 하는 이야기다. 나는, 지금은 관계 없는 공간이란 없다고 보는 사진가다. 그렇게 보이는 공간들을 서로 당겨서 전혀 새로운 의미를 만들어내는 게 자연의 법칙에서 그리 어긋난 것은 아니다. 저 강가에 존재한 두 공간, 그 가운데 하나의 공간 안에서 애초부터 가만히 있는 상은 여인의 무의미한 동작을 유의미한 의미로 해석한 사진가에 의해 '잘 가시오'가 된다. 사진에서 사실과 해석은 사진가와 독자 사이에서 벌어지는 영원히 멈추지 않는 파동의 관계에 있다. 여기에서 파동이란 시간과 밀접한 관계가 있으나 그 처음과 끝이 없는 그런 것이다. 마치 파도의 움직임처럼 말이다. 그 어떤 곳에서도 시작되지 않았으며 부딪혀 부서질 해변도 없는, 그런 끝이 없는 파도 말이다. 사진을 찍고, 읽고, 감상하는 것은 해석을 반대하고 안 하고의 문제가 아니다. 사진 예술은 해석과 진실 사이 어딘가에 있기 때문이다. 독자의 해석 속에서 신상은 더욱더 물속으로 잠긴다. 사실과 관계없이 마음으로 보는 것이 그러하게 만드는 것이다. 그래, 삶이라는 게 '잘 가시오'이고, 삶이라는 게 잠겨 버리고, 사라져 버리는 것이겠지. 삶은 사는 것이 아니고 받아들이는 것이니까. 이 사진을 읽는 사람이 이렇게 읽는 것은 그렇게 큰 무리는 아니다. 그것은 자연 안에서 살아나가는 또 하나의 진리를 받아들이는 고대의 우주 운항 법칙일 것이다.

생경함과 클리셰

인도, 마디야 쁘라데시, 그왈리오르, 2019

> 숨겨져 있는 것, 접근 불가능한 것, 비밀스러운 것과 같은 부정성이 조금도 남아 있지 않은 과도한 가시성은 외설적이다.
>
> — 한병철, 『투명사회』

 다 허물어져 간 옛 사원을 찾았다. 돌을 나무마냥 깎고 갈고 새겨 만든, 수도 없이 많은 신전과 신상들. 그 앞에 한참 서서 흔적이라는 것을 바라본다. 북적거리는 사원보다 훨씬 쉽게 어떤 감흥에 젖게 되는 것은 비단 시간이라는 슬픈 매개 때문에 그런 것만은 아닐 것이다. 그런데 정작 나는, 시간 앞에 허물어져 간 그곳에서 옛사람들의 신심을 읽지 못한다. 눈으로 들어와 뇌를 때리는 것은 고작 숱하게 듣고 익혔던 시간에 대한 역사학의 클리셰뿐이다. 시간 앞에 허물어지지 않는 건 없다는, 역사가 시간에 물들면 신화가 된다는, 남들도 다 겪는 크로노스와 내가 겪는 카이로스라는, 그런 종류의 남들이 말하곤 하는 시간에 관한 그 클리셰 말이다. 신을 모신 사원 앞에서 신을 모시는 사람들의 웅성거림과 잔잔함에 관한 소리에는 귀 기울이지 않은 채 나는, 여지없이 카메라의 사각 프레임 안으로 무엇을 넣고, 무엇을 뺄 것인가에만 몰두한다. 그 클리셰에 맞추는 분위기는 어떻게 조절할 것인가에만 몰두할 뿐, 정작 이곳에 온 이유를 찾지 못한다. 카메라를 가지고는 본질을 사유할 수 없다. 아니, 본질은커녕 시간도 공간도 인간도 사유할 수 없고, 관계도 사유할 수 없다. 카메라는 사유하는 인간의 적이 되는 셈이다.

뜬금없는 것이 자연에 존재할 수 있을까, 하는 생각이 번쩍 들게 하는 신상이 눈앞에 서 있다. 우연과 돌발만이 생각을 하게 만든다는 어느 포스트모던 철학자의 언술이 떠오르는 지점이다. 시간의 흐름 속에 모든 것이 같은 모양을 갖게 되고, 그 결과 같은 톤과 같은 색으로 바뀌어 버린 유허有虛 안에 웬 천연색의 밝게 붉은 신상이 턱 하니 서 있기 때문이다. 참 뜬금없는 짓이다. 옛것이 이미 신의 본질을 재현하는 것임에도, 사람들은 그 위에 또 새로운 지금 것을 갖다 세워놓는다. 신을 재현하는 것도 결국 인간의 패션에 따라야 하는 것이다. 그 생경함에 깜짝 놀라 본능적으로 카메라를 갖다 댄다. 자연스럽지 못하다. 그래서 불안하고, 그래서 내 카메라를 유혹한 것이다. 있는 그대로가 자연이라면, 자연이란 어디까지 '있는 그대로'일까? 자연에 순수함이라는 게 가능할까? 인위적으로 간섭하고 개입하는 것을 배제하는 자연이라는 게 가능할 거냐는 말이다. 이런 생각이 들었다. 원숭이 하누만 신상은 우선 그 붉은 것도 노란 것도 아닌 힌두 근본주의자들이 택한 극우 수꼴 난동의 색 사프론Saffron 색깔로 튀어나온 것이라 눈에 급하게 띈다. 그것은 이미 내가 세계를 본질로 보지 못하고, 현상으로 보기 때문이리라. 현상만 좇는 것은 본질을 파괴하는 시도가 될 수밖에 없다. 그 파괴는 보존과 결합되지 못한 채 새로운 창조를 향하는 것이 아닌가. 결국, 파괴가 아니라 극복이어야 하는 것은 아닐지. 그럼에도 새로움에만 의존하는 것은 아닌지, 그 지향성은 특정 담론에 의존하려는 것은 아닌지. 낯섦에 대한 동경에 목매는 것은 아닌지. 이런 생각은 또 생각을 낳고, 또 생각은 또 다른 생각을 낳고. 저 뜬금없는 신상 앞에서 꽤 오랫동안 생각에 잠긴다. 그런데 그 사념의 뿌리가 저 색이 주는 생경함이었다니, 고작…….

카메라로 만든 이미지에는 그 대상에 면면히 이어져 오는 여일함이 없다. 밖으로는 보이지 않으나 저 안 어디에선가 수백 년 동안—어리석든 어리석지 않든—흘러내려온 그 면면함 말이다. 사진이라는 것이 본래 그런 것이라 그렇다. 사진이라는 게 무엇인가? 사진은 한때 그 시간 그 자리에 존재했던 어떤 대상을 그곳으로 들어갔다 나온 빛을 통해 필름 혹은 CCD에 자취를 남기는 것일 뿐이지 않는가. 죽어서 만들어진 그 이미지를 마치 살아 있는 것처럼 꾸며대야 하는 것이 본질 아닌가. 거기에서 한술 더 떠, 그 안에 창조성까지 넣어 어떻게든 본질을 가진 것처럼 만들어내려 하는 것이 아닌가. 그러다 보니 뜬금없는 탈(脫)문법의 화두로 자리 잡는다. 생경함이 수단이 되더니 때로는 목표까지 되어 버린다. 그 생경함으로 구성되는 그 이미지의 드러남만 보여줄 뿐이다. 그것이 예술이고, 그 예술성을 지향하는 것이 작품이고, 사진하는 사람으로서 지향하는 것이 그 작품성이라는 것이라면, 그 작품이 갖는 의미는 무엇일까? 나는, 저 생경함을 드러내서 도대체 뭘 하려 하는 것일까?

해석을 피할 수 없다

인도, 웃따르 쁘라데시, 칸뿌르, 2019

> 흔히 사실은 스스로 이야기한다고 하지만 진실이 아니다. 사실은 역사가가 허락할 때에만 이야기한다. 어떤 사실에 발언권을 주고 서열이나 차례를 정하는 것은 역사가다.
>
> —E.H. 카 『역사란 무엇인가』

다른 나라 특히 인도같이 우리 문화와 크게 다른 곳을 여행하면서 거리 사진을 찍는 사진가들에게 평소에 접할 수 없는 이벤트를 만나게 되는 것만큼 행운인 것은 없다. 만일 누군가 암소를 실수로라도 죽인 사건을 접하게 될 때 내가 그 자리에 있다면, 여행 일정 다 포기하고, 그곳에 머물러 그 불행의 이벤트가 준 행운을 만끽할 것이다. 그렇지만 언감생심, 사실, 이런 기회는 평생 만나기 어렵다. 이런 종류의 이벤트 가운데 그나마 자주 접하는 게 결혼식이다.

학살의 현장을 찾아보러, 강에 도착할 무렵, 신부 시댁 사람들이 강가에 무리지어 모여 있음을 본다. 신랑은 싱글벙글이고 신부는 얼굴 가리개 스카프를 한 번도 벗지 않는다. 부끄러워야 함이 뭔가를 제대로 보여주는 듯하다. 신부는 사실 그가 부끄럽든 그렇지 않든 반드시 부끄러워해야 한다. 그것이 도덕이고, 그것이 정숙한 여인네의 처신이며, 그렇게 해야 복을 받는다고 믿는다. 그러니 그 둘, 부끄러운 것과 부끄러워해야 하는 것 그 사이에는 미묘한 차이가 있다. 지역 연구자라면 이 차이를 잡아내야 한다. 그런데 사진가는 그런 부담이 없다. 그렇지만, 그 차이를 잡아내지 못하면 그는 그냥 단순한 여행객의 시선으로 이미지를 만드는 사람일 뿐이다. 그런데 그 차이를 잡아내려면 그곳에 적어도 며칠이라도 묵어야 한다. 그 사람들과 이야기도 나누고, 속들이 사정을 들으면서 그 분위기를 기록해야 한다. 이 장면 앞에 선, 나는, 그렇게 하지 못한다. 단순한 여행객이라 그저 겉만 포착하는 장면 사냥꾼에 지나지 않는다. 그러니 이 사진이 기록의 다큐멘터리라고 부르기는 어렵다. 그렇다고 이런 이미지는 또 다른 어떤 의미로 전유하기도 어렵다. 누가 보든 기록성이 강한 사진이기 때문이다.

어떤 문화든 속과 겉이 있다. 속만 보고 겉을 파악하는 것은 만용이지만, 겉만 보고 속을 파악하는 것은 폭력이다. 사진가 특히 여행객으로서 사진을 찍는 사람은, 그 폭력성을 조심해야 한다. 자신이 본 것은 사실에 대한 하나의 해석일 뿐, 그것이 진실은 아니다. 진실이란 사실을 두고 해석과 해석의 사이 어딘가에 존재하는 것이다. 해석이라는 것은 사건이 일어나기 전에 이미 이루어지는 것이다. 우리가 세계를 경험하고 난 뒤 일어나는 추후의 사건이 아닌 것이다. 경험계에 대해 종속되어 있는 부차적이거나 2차적인 것이 아니라는 것이다. 우리는 어떤 사물이나 현상 혹은 대상에 대해 해석하기 이전에 그것을 이미 해석된 것으로 받아들이고 인식하고 그 위에서 경험한다. 누군가에 의해 이루어진 혹은 만들어진 해석을 우리는 그저 받아들이고 경험한다는 말이다. 따라서 해석은 주체적이라 할 수 없고 선험적이라고도 할 수 없다.

그 해석이라는 행위는 피할 수 없는 것인가? 그렇다. 그 해석이라는 것이 우리가 사는 세계에 존재할 수밖에 없는 이유는 이 세계가 완전히 객관적이거나 과학적인 혹은 필연적으로 명료한 상태에 놓이지 않기 때문이다. 쉽게 이해하기 좋게 시간과 가시성이라는 것을 놓고 생각해 보자. 우리에게 주어진 시간이 밤으로만 지속되는 것이라면 모든 것이 명료하게 보이지 않으니 온갖 해석이 난무할 수밖에 없을 것이다. 그런데 그와는 달리 낮만 지속된다고 생각해 보자. 그 경우에는 모든 것이 명료하게 보이니 해석이라는 게 필요 없고 모든 것이 명료한 과학밖에 없을 것이다. 그 시간과 가시성의 세계와 같이, 우리의 경험계는 모든 것이

뒤섞여 있다. 명료함과 모호함으로 섞여 있는데, 때로는 그것이 파동이나 물결로 교차해서 다가오고, 때로는 무지개같이 나눌 수 없이 번져 있기도 하고 때로는 모자이크같이 섞여 있어 불분명하기도 한다. 그것은 경계가 사라져 버린 것도 아니고 모든 것이 경계로 나뉘는 것도 아니다. 안과 밖이 불분명하면서 서로 섞여 있기 때문이다. 많은 사람이 내용이 형식을 만든다고 하지만, 사실은 형식이 내용을 창출하기도 하는 것이 우리가 사는 경험계다. 전자가 우월하고 후자는 열등하며, 전자는 성스럽고 후자는 속된 것이 아니다.

사진은, 특히 다큐멘터리 사진은, 사진가가 사실이라고 믿고 장면을 포착하지만, 그것은 오로지 그의 해석에 입각해서 재단하는 것이다. 그것을 과학이고 증거라 주장하는 것 또한 분명한 사실이지만, 모든 사진을 그렇게 치는 것은 어불성설이다. 문제는 사진가가 해석의 눈으로 카메라를 들이댔는지, 증거를 남기기 위해 들이댔는지, 그것부터 먼저 파악해야 한다. 사진가의 해석과는 달리 사진에 나타나지 않는 진실은 얼마든지 있다. 그 역의 관계가 성립하는 것은 두말 할 필요도 없다. 사실이든 진실이든 해석이든 그 모든 관계는 카메라를 든 사람의 눈에 달려 있다.

사진을 하면서 파괴자 니체를 읽다

인도, 웃따르 쁘라데시, 깐뿌르, 2019

> 나는 필연적인 것의 아름다움을 더더욱 많이 알기를 원한다. 그러면 사물을 아름답게 만드는 사람들 가운데 하나가 될 것이다. 운명을 사랑하라.
>
> — 니체, 『즐거운 지식』

　거리 사진을 찍다 보면, 주제는 얼추 정해 놓고 작업을 시작하지만, 그게 아주 성긴 그물코 같아서 그로부터 벗어나 버리는 일이 자주 생긴다. 이런 경우 일단은 찍어놓지만, 명료한 주제 의식을 갖지 않은 채 셔터를 누르다 보니 구도를 비롯한 사진의 물성이 그냥 평범하고 일반적인 사진이 되어버리는 경우가 많다. 버스를 타고 이동하는 경우 특히 이런 장면을 많이 만난다. 교통 체증은 심하고, 거리는 말할 수 없이 복잡하고 시끄러워서, 인도 도시의 풍경을 잡아내기가 참 좋은 소잿거리가 무시로 눈앞에 펼쳐진다. 시외로 나갈 때는 아무것도 하지 않은 채 이런저런 생각에 잠겨보는 게 여행하는 묘미인데, 시내로 들어오면 카오스같이 복잡한 인도의 도시가 고요한 사유의 세계를 가만 두지 않는다. 그럴 때마다 차창에 앉아 연신 카메라를 누른다. 지금 여기에서 하는 작업의 주제와는 거리가 먼 듯하지만, 그래도 넓게 볼 때 나의 큰 주제에서 벗어나지 않으면 일단 셔터를 누른다. 그날, 그러하였다. 인도에서 가장 복잡한 도시 가운데 하나, 깐뿌르를 관통하는 시간, 마치 인류가 만들어낸 모든 종류의 탈것들이 전시를 하듯 모두 거리에 쏟아져 나와 있다. 차는 매연 안으로 찾아들어가는 듯, 몸은 피곤에 내동댕이쳐지는 듯, 버스 차창을 통해 밖의 풍경에 무심한 눈만 던지고 있던 때, 한 노동이 내 눈 안으로 들어온다. 우연히 만나야 할, 어떤 필연이었다. 거부할 필요가 없다, 지금 당장 나와 관계없는 것처럼 보일지라도.

    내 사진은 항상 사람과 역사를 향한다. 그 주제가 종교의 본질이든, 노동과 소외이든, 우울한 세기말 풍경이든 언제나 나는, 사람과 역사에 관한 이야기를 하기 위해 카메라를 들이댄다. 카메라의 눈은 그것을 든 사진가의 눈에 따라 자유롭게 그 의지에 맞춰 규정되는 것이 옳다고들 한다. 카메라는 기계이기 때문에 그것을 어떻게 통제하고 조절하느냐의 시각에 따라 그 대상은 전혀 다른 이미지로 만들어지는 법이다. 대상 가운데서 무엇을 보느냐의 선택이 중요하겠지만, 그뿐만 아니라 어떻게 보느냐 즉 어둡게 보느냐, 확대해서 보느냐, 흔들리게 보느냐 등이 다 그 카메라를 통제하는 사람의 시각에 달려 있다. 그런데 상황을 그렇게 통제할 수 없다면?

　버스 차창이 저이와 나를 가로막고 있으면, 그 버스 차창은 인간과 노동을 가로막는 칸이 되기에 적당하고, 술 취한 거리에서 카메라가 흔들리면 자본주의에서 흔들리지 않으면서 살아가는 인간이 어디 있으랴의 내러티브가 만들어질 수 있다. 사진 찍는 지점을 움직일 수 없는 상황에서 자꾸 원치 않는 요소들이 장면 안으로 끼어드니, 그것은 역사에 필연적으로 작동하는 우연일 것이요, 차창에 먼지가 끼거나 기차 안 빛이 강하게 들어와 괴이한 형상이 중첩되면 그것은 우리 사는 세계가 이질적이고 복합적인 모습으로 전유될 수 있음을 뜻한다. 대상을 통제할 수 없는 상황에서 대상을 주어진 상황에 따라 그대로 받아들인다. 다만, 그 위에서 그것을 어떤 이야기로 만들어낼 것인가를 정하면 될 일이다. 결국, 그 어떤 상황에서도 큰 주제 안에서는 대상이 어떤 형태를 갖추든 개의하지 않는다. 그 상황이 나에게 충돌하여 나에게 생각을 일으켜 세웠으면 그것으로 사유할 수 있는 사건이 발생하는 것이다. 사진을 찍기 전이든 후든 그건 아무런 문제가 될 수 없는 일이다. 문법이란 참조할 만한 대상일 뿐 따라야 할 규범이 아니다. 그것이 언어든 이미지든 모든 것은 살아서 움직이고, 그를 둘러싼 당위는 상황에 따라 변할 수밖에 없다.

당위는 문법을 낳고 문법은 도덕을 낳다 보니, 그 도덕이라는 것을 따르는 게 항상 선은 아니다. 다만, 그것을 따르지 않으면 배제당한다. 문법과 도덕은 결국 배제를 위한 틀이 되는 것이다. 특정 집단이 그들의 권력을 유지하고 확장하기 위해 고안해서 만들고 관리하는 틀 말이다. 그리고 그 틀은 사회의 시공간에 맞춰 통용되는 담론으로 포장되고 체계화되어 널리 유통되고, 그를 통해 더욱 강고한 힘을 갖게 된다. 그 틀에 순종하는 반듯함과 그 산물인 지성만 가지고 내리는 판단은 일부는 진실일 수도 있지만 그 바탕은 신화에 기대어 만들어지는 반反진실이다. 그것으로는 그 너머를 이해할 수 없다. 바로 그 너머에 주체가 있고, 예술이 있다. 사진을 이렇게 찍어라, 이렇게 읽어라, 이렇게 전시하라, 라고 말하는 것은 어떤 틀에 박혀 이미지를 만들고 읽는 일에 지나지 않는다. 사진이라는 이미지로 그 너머를 보는 것, 사유하는 세계로 들어가는 것, 그 세계로 들어가야 자유가 있고 인문을 만난다. 그것은 오랫동안 내려온 그 문법으로부터 벗어나는 것에서 비로소 시작된다. 전복의 발랄함이다. 사진을 하면서 파괴자 니체를 읽는 것은 바로 이 맥락에서다.

우리는 우연의 의미를 해석하려고 애쓴다

스리랑카, 껠라니야, 2010

우연만이 우리에게 어떤 계시로 보여졌다. 필연에 의해 발생하는 것, 기다려왔던 것, 매일 반복되는 것은 아무런 말도 하지 않는다. 오로지 우연만이 웅변적이다. 집시들이 커피 잔 바닥에서 커피 가루가 그린 형상을 통해 의미를 읽듯이, 우리는 우연의 의미를 해독하려고 애쓴다.
— 밀란 쿤데라, 『참을 수 없는 존재의 가벼움』

사진은 대상을 박제하는 것이다. 살아 숨 쉬는 것을 마치 살아 숨 쉬는 것처럼 죽인다는 의미다. 그 박제에 대한 의미 가운데 중요한 게 하나 있다. 시간성의 문제다. 사진은 대상을 찰나의 시간에 박제하는 것이라는 사실이다. 사진을 찍는 대상이 고정된 경우는 그 시간은 밝고 어둠에 관한 시간 변화 하나에 국한되어 박제가 되겠지만, 그 대상이 움직이는 것이라면 그 움직이는 대상의 동작과 시간과의 관계가 복합적으로 얽혀 그 사이에서 실로 다양한 관계가 맺어지고 그에 따라 결과가 나온다. 어두운데 움직이는 대상과 밝은데 움직이는 대상 혹은 어두운데 순간적으로 빛이 들어올 때 움직이는 대상과 밝은데 순간적으로 빛이 들어오거나 혹은 약해지는 대상…… 그외에 대상과 빛이 조합해서 만드는 관계의 변수는 실로 다양하게 일어난다. 그 다양함은 빛과 시간과 동작이 카메라라는 기계를 만나면서 엮어지는데, 그 조합은 결국 우연이라는 필연에 뿌리를 둔다. 아무리 베테랑이라 하더라도 그 많은 다양함 속에서 만들어진 이미지가 어떻게 나올 것일지 정확하게 예측할 수 있는 사람은 없다. 만일, 사진은 한 컷 한 컷 치밀한 계산으로 찍어야 한다고, 말하는 사진가가 있다면 그는 대단한 기술의 소유자일지는 모르지만, 사진이 갖는 맛을 아직 제대로 깨닫지 못한 사람일 것이다. 계산과 과학 속에서 우연이 주는 맛을 아직 보지 못했으니 하는 말이다. 안타깝다 할 수밖에 없겠다.

스리랑카 껠라니야의 불교 사원에 존치되어 있는 와불에 대해 경건하게 절을 하려는 사내가 먼저 두 손을 이마에 댔다. 그 수직적 동작과 와불의 수평적 자세가 뭔가가 될 듯하여 미리 위치를 잡아놓고 적당한 사람이 나타나기를 기다리던 중이었다. 한 사내의 손이 머리 위로 올라가는 순간, 주저함 없이 순간적으로 카메라를 들어 셔터를 끊었다. 그리고 한참 뒤 만들어진 사진 이미지를 보니 내가 전혀 예측하지 못한 표정이 사진 안에 나타난다. 렌즈의 포커스를 붓다에 맞췄으니 사내의 뒷표정이 뭉개지고 별 감흥이 없게 된 것은 이미 노렸던 바지만, 붓다의 눈길이 사내에 대해 '어리석고 불쌍한 자여'라고 하는 듯한 애처로운 표정이 읽힌다. 전혀 짐작하지 못한 바다. 물론 나만의 주관적인 독해다. 그 표정은 빛과 카메라의 앵글과 거리의 조합이 만들어낸 우연한 것이다. 사람의 눈으로 볼 때 다르고 기계를 통과해서 나온 이미지로 볼 때 다르다. 나는 내가 전혀 예측하지 못한 저 표정이 나온 이 사진에 무척 마음이 간다. 붓다의 목소리를 듣는 것 같아서다.

어떤 대상이 항상 동일하게 보일 수는 없다. 그것은 하나의 진리라는 것이 없기 때문이기도 하지만, 보는 사람의 관점이 수시로 바뀌기 때문이기도 하다. 그가 본 그 현상을 옮기는 스타일에 따라 재현 결과도 달라지고, 그에 따라 의미도 달라진다. 사진이라는 것은 우연의 요소가 절대적으로 중요하게 끼인다. 기계로 하기 때문에 통제될 수 없는 그 우연 말이다. 그런데도 사람들은 이 '우연'을 무시하는 말을 하곤 한다. '오늘 한 장 건졌다는 말을 하지 말라'는 가르침을 무슨 금과옥조인양 후배들에게 가르치는 사람들이 꽤 있다. 틀렸다고는 말할 수 없지만, 나는 결코 따르지 않는다. 이른바 '건지는' 것은 사진만의 특권이다. 우연은 합리성에 대해 든 반기다. 이를 서구적 관점으로 생각해 보면 신의 섭리 혹은 운명에 대한 저항이고, 인도적 관점에서 보면 우주 만물에 편재되어 있는 모든 신조차 종속되어야 하는 거대 법칙성에 대한 긍정이다. 그 발생 원인이 무엇인지 정확하게 우리가 알 수 없는 것일 뿐, 그 원인 자체가 없는 것은 아니다. 현재로선, 알 수 없는 것은 알 수 없는 것일 뿐이다. 그렇다고 우리가 알 수 없다고 해서 그것이 마치 존재하지 않는 것처럼 배제해 버리는 것은 옳지 않다. 그것은 현재 내가 살고 있는 현실이 우연을 배제한 채 운항되지 않기 때문이다. 이보다 더 중요한 사실이 있는가?

문법은 우열을 정하고 평가하고 배제한다

인도, 라자스탄, 자이살메르, 2018

—

오리의 다리가 비록 짧다고 하더라도 늘려주면 우환이 되고, 학의 다리가 비록 길다고 하더라도 자르면 아픔이 된다. 그러므로 본래 긴 것은 잘라서는 안 되며 본래 짧은 것은 늘려서도 안 된다. 그런다고 해서 우환이 없어질 까닭이 없다.

—『장자』

진중한 기록에 의미를 두고 하는 다큐멘터리 작업은 전체적으로 볼 때 그것이 요구하는 기간만큼 작업 시간이 길어지는 것이 보통이다. 그리고 결정적 순간보다는 역사적 의미를 잘 담을 수 있는 장면을 주체적인 시선으로 선택하는 것이 보통이다. 물론 그 기간이 오래되고, 오래 묵힌 사진이 좀 더 감동적이고 가치 있는 것은 두말 할 필요가 없을 것이다. 그런데 같은 다큐멘터리 작업이라 하더라도 기록적 의미보다는 문학적 의미 즉 전유로서의 성격이 강한 경우는 작업에 대한 접근 태도가 달라진다. 후자의 경우 그 작업 기간이 며칠이 걸릴지 몇 년이 걸릴지 알 수 없다. 한 장 한 장의 사진 또한 그 대상이 가지고 있는 사건 본래의 성격보다 찰나를 포착하여 이미지로 잡힌 어떤 특정 대상의 상징성이 강하게 드러나 해석된다. 혹은 사진가의 시각으로 전유해 버리는 경우가 많다. 그러다 보니, 사진가의 의도가 직설적으로 드러나지 않고, 해석의 권한은 독자에게 넘어가 둘 사이에 커뮤니케이션이 일어나고 그래서 사진 읽기가 재미있어지는 경우가 많다. 하지만, 전자에 비해서 사진 가치의 생명력은 줄어드는 것이 사실이다.

2017년 1월 인도 서부 사막 건조 지대에 있는 주 라자스탄을 찾을 때다. 관광지보다는 그 바깥에 사는 마을 사람들의 사는 모습에 관심이 많은 터라, 주변에 사는 어느 불가촉천민들 사는 곳을 찾아갔다. 힌디어로 인사말을 하면서 너스레를 떠니 동네 아낙들이 호들갑을 떨며 내 주변으로 모인다. 이내 경계심이 풀려 한층 편안한 분위기가 만들어진다. 주변에서 관광객은 많이 봤으나 동네에 찾아온 사람은 처음이라 한다. 편안한 분위기에서 눈인사로 허락을 맡은 뒤 카메라를 가방에서 빼낸다. 뭐 하면서 먹고 사냐고 물으니, 저 염소 목 쳐서 먹고 산다고 한다. 바로 이 아낙이 한 소리다. 뭘로 목을 치냐고 되물으니, 이걸로 친다며 인도 사람들 특유의 과잉 친절의 리액션을 보여준다. 친히 도끼를 마당 옆에서 가져와 들쳐맨다. 순간 잽싸게 셔터를 누른다. 초점 맞출 새도 없이 바로 누르다 보니 저 뒤에 무의미하게 평상에 졸 듯

앉아 있는 나른한 청년에 초점이 맞춰져 버렸다. 내 의도는 초점이 도끼날에 있는 것인데, 그렇게 하지 못했다. 그러니 실패한 사진이다. 기껏 해봤자 B컷에 지나지 않는다. 그렇지만, 과연 그러할까? 돌아와서 나중에 사진을 보니 꼭 그렇다고만 할 수는 없겠다는 결론이 난다. 초점이 맞춰지지 않은 건 물론이고 도끼날도 제대로 보이지 않는다. 아낙의 표정이나 모습은 흐려지고 뭉개져 색조도 괴이하다. 그렇지만, 이것이 내가 말하고자 하는 메시지에 가깝다. 초점이 맞춰지고, 그것도 내가 원하는 곳에 고스란히 맞춰지는 세상은 없다는 것이 내 작업의 주제다. 염소의 목을 쳐서 사는 사람들이 주제가 아니다. 세계는 경계, 범주, 우연, 주체, 정체성 등에 관해 이질과 불확실로 이루어져 있음을 말하고자 하는 것이 내가 말하고자 하는 것이라면 이 컷이 딱 제격이다. 세상사 자연이라는 게 항상 질서정연하고, 객관적으로 아름다운 것이 아름다운 것만은 아니다, 라는 생각으로 사진의 메시지를 맞추면, 이 컷이 바로 A컷이어야 한다.

인간의 위기는 속도에 있는 것이 아니라, 정형화에 있다. 시간을 길게 두고 세계 질서를 생각해 보면 굳이 어떤 틀이라는 것을 상정하고 그 안에 맞출 필요가 없게 된다. 그 무엇이든지 시간이 가면 자연스럽게 그 안에 녹아 하나가 될 것이기 때문이다. 그런데 그런 세월을 기다려주지 않으려고들 한다. 그러니 어떤 틀을 만들고 그 안에서 코스를 정하고 그 코스를 이수하고 그런 사람을 마스터로 인증해 준다. 그리고 그 안에서 우열을 가르고, 평가하고, 배제한다. 바야흐로 문법의 시대다. 시간은 자연을 낳고, 자연은 시간 속에서 마음껏 변화하는 것이어야 하는데, 세상은 그렇지 않는 방향으로만 흐른다. A의 형태가 나타나면 그것대로 이해하고 그에 맞춰 해석하면 되는 것이고, B로 나타나면 또 그에 맞춰 읽고 해석하면 될 일이다. 왜 C여야 하고, D여야 하는가? 지식도 아니고 학문도 아닌 문학으로서, 전유로서 하는 다큐멘터리 작업이 왜 어떤 틀에 맞춰야 하는가? 무엇 무엇이어야 하고 이렇게 저렇게 해야 한다는 문법은 시간과 공간과 그 사이의 넉넉함을 배제해 버리는 것이다.

틀이 정해진, 그 안에서 등위가 결정되는 속에서는 이야기가 자리를 할 수가 없다. 이야기, 그 삶을 나누는 최고의 소통의 길 말이다. 그 이야기가 사라진 틀 안에서는 속도와 효율은 더해지겠지만, 인간은 사라질 수밖에 없다. 삶의 향기를 내뿜는 것은 결국 사람 사는 이야기다. 그것이 완결성을 갖든 갖지 못하든, 창의성을 갖든 갖지 못하든 간에 관계없이 그 안에는 사람 사는 맛이 생기고, 그 맛을 서로 나누게 된다. 나누려면 시간이 걸린다. 시간이 걸리면 틀이 만들어지지 않는다. 결국, 느림의 미학, 여백의 미학은 기준이 없다. 결국, 사진에서 좋고 덜 좋고 안 좋고 혹은 나

쓰고, 버려야 하고 살려야 하고, 이렇게 해야 하고 저렇게 해야 하고의 문제는 사진의 문제가 아니고, 가르치고 배우는 일과 시간과의 관계성에 관한 문제다.

삶에서 생성을 맛본다는 것

인도, 웃따르 쁘라데시, 아그라, 2018

독자여, 대담자여, 당신 앞에 새로운 장르의 안내자가 서
있다는 것을 이해하라. 그 안내자는 당신을 순간과 사물
들, 욕구와 만족들의 미궁 속으로 인도할 것이다. 여기서
당신에게 제공하는 것은 현대성과 일상성의 올바른 사용
을 위한 논문이 아니다. 또한 해결을 위한 안내서도 아니
다. …… 상상을 검토, 재검토하고 또 상상의 기능과 자
리를 고찰, 재고찰하는 일이다.

— 앙리 르페브르, 『현대 세계의 일상성』

　　타지마할에 갔다. 가는 날이 장날이라고, 하필 신년 연휴에 갔더니 정말 문자 그대로 인산인해. 입가에 미소가 지어진다. 지금까지 타지마할을 본 게 열 번도 넘으니, 그저 그렇게 그런 분위기에서 더 보고 싶은 마음이 들 리 없어서였다. 신년 연휴 미어터지는 인파 속에 타지마할을 두고 그 사람들을 사진으로 작업하는 기회를 보고 싶은 마음이 설레었다. 인도를 대상으로 다큐멘터리 작업하는 사진가로서 이보다 더 좋은 기회는 있을 수 없다. 들어가는 입구에서부터 말티재 고개 넘어가듯 구불구불 줄을 선 인파 속에서 죄 지은 자마냥 찍 소리도 못한 채 1시간 가까이 기다려

간신히 경내에 들어왔다. 들어오자마자, 이미 이 타지마할은 오랫동안 봐온 그 타지마할이 아니었다. 내 관심은 왕과 왕비의 슬픈 사랑 이야기나 무갈제국의 위용을 자랑하는 세계 유산으로서의 타지마할에 더 이상 있지 않고, 대기오염에 무너져 가는 답답한 타지마할에 있었다. 그 차원에서 어마어마한 규모의 구경 인파, 과연 그들은 왜 타지마할을 보러 오는 것일까가 사진의 주제가 되었다. 타지마할을 찍되, 풍경의 초점이 묘와 유적에서 사람과 구경거리로 옮겨진 것이다.

사람이 겹치지 않는, 한적한 묘당 건축물만 온전히 볼 수 있는 광경은 아예 기대하지도 않았고, 불가능한 일이었다. 그런 사진이 필요하면 관광엽서를 사보면 될 일이다. 그 안에는 그 사람들이 온갖 포즈로 타지마할을 놀이 대상으로 삼아 히히덕거리는 장면으로 가득 차니, 경건함이라든가 돌아봄이라든가 하는 따위의 감상은 역전앞 값싼 여인숙에서나 해야 할 철 지난 것이기 마련이다. 경건함이 경박함이 되어버리는 순간이다. 일상과 노동이 분리되어 있듯, 일상과 철학이 분리된 냉혹한 현실에 서 있다. 오로지 인증만을 위한 기념사진은 의미 없다. 사람으로 가려지지 않는 타지마할은 신화다. 타지마할은 가려진 인파와 함께 찍는 것이 현실의 재현이다. 타지마할 묘당은 끄트머리만 보이고 내 앞으로 옆으로 사람들이 바글거리게 찍으면 그게 더 좋을 일이다,

라는 생각으로 셔터를 끊는다.

무엇이든, 그것이 사진이든 글이든 음악이든, 주제가 정해지면 설사 동일한 것으로 정해지더라도 표현은 각자 하고자 하는 바에 따라 달라질 수밖에 없다. 사진을 예술적으로 표현하고자 하는 당신이 이렇게 표현하면, 예술적으로 표현하고자 하지 않는 기록자로서의 사진가는 저렇게 표현할 수밖에 없다. 똑같은 것을 보고, 똑같은 주제를 갖고서도 전혀 다른 방식으로 표현하는 것이 주체적 사진이다. 그 표현에 따라 그 사진들에 대한 평가와 판단이 달라지는데, 어떻게 표현했느냐에 따라 그가 문학적 관점에 집중하는지, 기록적 관점으로 표현하는지로 나누어진다. 그러니 그 둘을 한 잣대로 평가한다는 것은 어불성설이다. 특히 같은 다큐멘터리라 할지라도 문학적으로 표현하는 경우 사진으로 만든 내러티브가 어떤 닫힌 결론에 도달하지 않는 것이 좋다는 생각이다. 문학이라는 것 혹은 예술이라는 것은 팩트와 주장이 아니고 해석과 사유 혹은 그것의 소통이니, 결론으로 이르지 않고 결론을 향해 나갔다가 다시 돌아오고 다시 나가고 하는 감성의 흐름을 끝내거나 멈추려 하지 않는 것이 더 좋을 듯하다는 의미다. 그런 사진을 읽을 때도 마찬가지다. 그 독해는 처음과 끝이 정해지지 않는 도돌이음표처럼 시간의 흐름 속에서 끝없이 좌충우돌하는 것이었으면 좋겠다는 생각이다. 그것만이 열린 독해가 아닐지.

사진이란 이미지는 비록 죽은 것이지만, 그것을 읽고 해석하면서 받는 감성이라도 살아 있어야 사진하는 맛이고 멋이 아닐까 한다는 것이다.

그렇다면 사진을 한다는 것은 삶에서 생성을 맛보는 것이 될 것이다. 생성이란 결코 멈추지 않는 무한 연속선상에서 기억과 상상이 반복적으로 교차 충돌하면서 만들어내는 것이 아닌가. 일이 시작되고 끊어지고 어떤 결과를 도출하면서 덩달아 시간도 그와 동일한 궤적을 걷다 보니, 기억과 상상이 작동되지 않고 멈춰 버린 것이다. 현대인의 일상에서 만나는 매일의 과정이 그렇다. 그러다 보니 그런 세계관을 담은 신화는 미움을 받고, 이야기는 루저들이 한가하게 나누는 아무짝에도 쓸데없는 것으로 전락되어 버린 지 오래다. 어린 청춘 때 들었던 〈별이 빛나는 밤에〉, 〈밤을 잊은 그대에게〉는 우리 사는 세계에서 사라져 버린 지 오래다. 꿈과 희망 사이로 흐르는 것은 이제 없다. 모든 것이 일직선상에서 멈춰 있는 세계다. 효용이 없으면 필요도 없는 세계가 되어버린 지 이미 오래다.

입체에서 평면으로, 사진이 만드는 공간

인도, 웃따르 쁘라데시, 바라나시, 2019

풀잎 없고 이슬 한 방울

내리지 않는

지하도 콘크리트 벽

좁은 틈에서 숨 막힐 듯

토하는 울음

그러나 나 여기

살아 있다

— 나희덕, 「귀뚜라미」

시간은 밤을 향해 달리고 있었다. 우리 눈에는 보이지 않지만, 저 시퍼런 저녁의 색은 밤이 오고 있음을 알리는 전령이다. 눈으로는 확인을 할 수 없는 저 색조가 이미지로 나오리라는 기대를 하고 셔터를 눌렀다. 저 밤으로 가는 색조는 그걸 막아선 듯 보색이 되는 저 노란 듯 붉은 불과 함께여서 마음을 더욱 흔들었다. 보색은 변증법이다. 대립을 안으로 품어 새로움을 만드는 변증법 말이다. 불, 그것은 죽음을 딛고 일어나는 소생에 대한 기원이고, 저녁은 죽음을 향해 가는 처연함이다. 이 둘을, 보통 인도 하면 떠오르는 갠지스 강 중류 쉬바 신의 도시 바라나시에서 내 눈으로 만났다. 죽음과 생명이 갈등하지 않고 새로운 하나로 경계를 여는 신, 그 우주의 주 쉬바로부터 비롯된 신화의 도시 바라나시에서 그 변증법을 본다.

오래전 이곳을 찾을 때 저 거대한 뿌자puja 예배는 드리지 않았다. 그냥 각자 하거나 조용히 사원에서 하는 게 일상이었다. 그게 10여 년 전부터 밖으로 나와 특설 무대에서 하는 공연으로 바뀌었다. 큰 규모로 무대를 만들고, 젊고 잘생기고 피부가 하얀 청년들을 세제로 뽑아 예배 봉헌 일을 하도록 훈련시켜 세계 도처에서 오는 '고객'들 앞에서 예배를 드리게 한다. 신앙은 쇼가 되어버렸고, 봉헌을 받는 대상은 강가 신에서 '고객'으로 바뀌어버렸다. 그것이 숭고함이든 아니든, 어리석은 종교심이든 아니든, 어쨌든 장사하는 수단이 아니었던 그때 그 수수했던 개인들의 예배가 더 나아 보인다. 비단 그때가 흘러간 과거여서 그런 것만은 아니리라. 이런저런 생각을 하면서 주위를 산보하고 있을 때 누군가 불을 만들고 있었다. 특설 무대에서 행해지는 그 예배에 쓰고자 준비하는 불이다.

불은 이미 상품이 되어 있었다. 그것도 미끼 상품. 그 상품이 된 불을 나는, 어떻게 표현할 것인가? 여러 가지 생각이 교차하면서 뒤에 있는 사람 손에 든 불이 앞 사람의 얼굴과 평면적 차원에서 겹쳐질 때를 기다렸다. 때가 되니, 불은 사진을 찍으려는 자의 의도대로 앞 사람의 얼굴을 태워버리듯 다가온다. 이윽고 불로 지진 얼굴에서 시꺼먼 연기가 뿜어져 나온다. 입체인 실제 공간에서는 아무 의미 없는 두 개의 장면이 평면 공간으로 오면서 보이는 현상이다. 입체를 평면으로 바꾸는 공간에서 새로운 의미를 만들 수 있는 표현 방식, 사진만이 할 수 있는 일이다. 이 순간, 사진에서 나머지 물성은 굳이 신경 쓸 일이 없다. 이 둘의 교차만 있으면 된다. 불에 초점만 맞추고 나머지는 일체 관심을 두지 않는다. 차라리 나머지 물성이 투박하고, 뭔가 부족하고, 아쉬워야 사진가가 하고 싶은 저 얼굴을 지져버린 불의 속성이 더 살아난다고 계산을 했다. 그것이 아름다움이자 나의 메시지다.

    예술에서 아름다움은 감각을 다루되, 그 바탕은 지혜 추구에 둔다. 미학이되 철학의 영역에 속한다는 것이다. 그러니 그 아름다움이란 사유, 해석, 재현, 시선 등과의 관련에서 나오는 것이지, 그냥 절대적으로 순수한 것은 아니다. 그래서 그 아름다움을 드러내는 행위는 그것을 둘러싸고 있는 여러 영역의 요소들을 거세한 채 홀로 자율적으로 존재하는 것이 아니다. '일반적으로'라는 말로 퉁치면서 말들을 하곤 하는데, 그 고정된 범주의 아름다움은 내가 보고자 하는 이 아름다움과는 다르다. 내가 카메라로 담은 이 불은 이미 일반적으로 그들이 말하는 그 불이 아니다. 이 불은 이 사진이 보여주지 않는 상품화된 예배를 품는 불이다. 보이지 않되 보여주는 것, 그것은 사진이 갖는 표현의 가장 중요한 방식 가운데 하나다. 그러니 이 불이 '일반적으로' 볼 때 아름답든 아름답지 않든 이 사진을 찍는 나와는 아무런 관계가 없다.

삶의 숭고함은 표현보다 침묵에 있다. 말하고자 하고, 내뱉고 싶은 것을 눈앞에서, 눈앞에 보이는 것으로 하지 않는다. 그것을 포기함으로써 드러낸다. 그 포기 안에 재현할 수 없는 어떤 전율이 드러난다. 이를 아름다움이라 할 수 있을지, 처연함이라 할 수 있을지, 숭고의 미라 할 수 있을지는 모르겠다. 다만, 내가 알고 있는 것은 삶은 직접적인 것만은 아니라는 사실이다. 예술이든 삶이든 자기가 만들어 가는 것이 '일반'이라는 이름의 타인으로부터 이해받지 못할 때 나오는 전율은 숭고의 아름다움이다. 그것이 '기본'이든 도덕이든 예의든 간에 그에 의심하고, 저항하면서 피곤하게 사는 삶에서 나오는 것이 숭고의 아름다움이다. 그것은 고개 숙이지 않고, 탈주하는 것이다.

사건을 직면하기

인도, 웃따르 쁘라데시 깐뿌르, 2019

측은히 여기는 마음은 사람이 다 가지고 있으며, 수치의 마음은 사람이 다 가지고 있으며, 공경하는 마음은 사람이 다 가지고 있으며, 시비를 가리는 마음은 사람이 다 가지고 있다.

—『맹자』

1857년 세포이 항쟁이라고 널리 알려진 봉기의 불길이 이곳 갠지스 강 중류 유역의 도시 깐뿌르Kanpur에서 본격적으로 타올랐다. 봉기군은 순식간에 도시 전체를 함락했고, 델리를 향해 진격했다. 영국 동인도회사 군은 모두 퇴각하여 강 건너 다른 곳에서 반격 채비를 갖추었다. 전쟁 중이었으니 무슨 도덕이 있었고, 무슨 금도가 있었겠는가? 봉기군은 이곳 갠지스 강가에서 영국군과 가족 포로 200명가량을 학살했다. 그리고 학살이 있은 후 몇 개월이 지나 강을 따라 저 밑에서 올라온 영국군이 이곳을 다시 함락했다. 그 밀고 밀린 싸움에서 무수히 많은 사람들이 또 죽어나갔다. 전쟁이란 으레 학살이 있는 것이니……. 지금, 내가 돌아다보는 이곳, 도처에 무수한 사람이 죽고 죽은 곳이 역사 유적지란 이름으로 널려 있다. 그 가운데 눈에 띄는 게 이 성당이다. '모든 영혼의 성당'이라는 이름의 이 교회는 영국군이 그 적 일당을 처단한 강 바로 옆에 세워졌다. 모든 희생자들의 영혼을 빈다는 차원으로 세워졌지만, 물론 인도인들 영혼은 제외돼 있다.

저녁이 오기 직전, 느지막에 저 을씨년스러운 교회를 찾았다. 사방은 모두 문이 닫혀, 그 안으로 들어갈 수 없었다. 그 담장의 원래 의도와 관계없이 내 느낌으로 담장은 인도인 영혼 출입을 금지하는 것으로 읽힌다. 교회 주변에 불이 하나씩 들어온다. 불빛이 갖는 원래 속성과 관계없이 내 눈에는 죽은 모든 영혼으로 다가온다. 카메라를 대고 셔터를 누른다. 구도고 노출이고 별로 손을 댈 게 없다. 굳게 닫힌 철문 사이로 찍으니 저렇게 찍을 수밖에 없다. 더 이상 무슨 스킬을 발휘하고 싶지 않다. 그저 있는 그대로 평범한 사진으로 남기고 싶을 뿐이다. 다른 사람과 달리, 내 주관으로 찍고 싶은 것이 있고, 그렇지 않은 것이 있다. 세상 모든 것을 내 주관으로만 보고, 남기고 싶지 않다. 사진이라는 게 원래 어떤 사건에 사진가가 개입할 수 없는 것만 남는 것이다. 그 사건에 사진가가 개입을 하게 되면 이미 그 사건은 다른 사건이 되어버린다. 그렇지만 사건에 개입을 하는 권력이 사진가에게는 이미 크게 들어와 있다. 사진가가 갖는 시선에 따라 그 사건을 규정하고 재단하기 때문이다. 그래서 사진을 찍는다는 것은 개념적으로 볼 때 매우 모순적이다. 사진을 읽는 사람 또한 크게 다르지 않다. 사진가의 시선을 무시하고 주관이 없는 것으로 생각하는 경향이 강하지만 사실은 그렇지 않은 사진이 태반이다. 그렇다고 해서 사진을 객관적으로 읽어낼 수는 없다. 그 대상을 보면서 읽는 사람의 마음에 일어나는 것을 무시하는 것이, 사진을 찍은 사람의 의도를 읽거나 따라가는 것이 항상 좋은 태도는 아니다.

어떤 사건을 접하고 난 우리를 움직이게 하는 것은 무엇일까? 적어도 실제는 아니다. 실제는 그 자체로서는 행동을 구체화시키지 못한다. 사건을 접하고 난 후 그동안 우리 안에 오랜 시간 동안 자리 잡고 있던 여러 가지의 생각들, 관념, 이념, 염원 등 생각의 부류들이 우리를 구동시킨다. 이를테면 생각과 같은 것들이 실제를 활성화시키는 구동장치가 되는 것이다. 슬픔이라는 것을 한 번 보자. 슬픔은 실제지만, 그것을 체화시키고 행동하게 하는 것은 그 사건에 대한 이론이나 상징 혹은 주장이다. 하지만 그런 것들로는 그 슬픔으로부터 벗어날 수도 없고, 그 당사자와 본질적으로 하나 되지도 않는다. 사건을 접할 때 가슴이 뛰는 것은 십자가든 불상이든 노란 리본이든 예배당이든 그러한 상징물을 통해서다. 사람들은 그것으로 슬픔을 잊으려 한다. 그렇지만, 그것은 제한적일 수밖에 없다. 애도가 되지 않고, 갈등만 커질 뿐이다.

상징과 이미지로는 본질을 해결할 수 없기 때문이다. 사진은 그 이미지 가운데 하나일 뿐이다.

사진이라는 것은 본질은 건드리지 못하고, 외형만 무심하게 그 흔적을 남기는 것이다. 카메라 앞의 대상이 슬픔의 역사를 머금고 있는 것이라면, 그것으로 그 흔적을 남긴 사진으로는 그 슬픔의 본질에 대해서는 아무것도 하지 못한다. 그래서 그저 그냥 평범하게 보고 기록한 흔적을 남기는 것이 좋을 때가 있고, 지금이 딱 그때다. 그 역사의 슬픔 앞에 사진가는 작품을 하는 사람이 아닌 그저 평범한 한 사람이고 싶을 때가 있는데, 지금이다. 사진가 앞에 서 있는 모든 게 작품의 대상만은 아니기 때문이다. 삶이 우선이고, 평범의 일상이 우선일 때 말이다. 중요한 것은 예술적 태도를 갖는 사진보다 그 대상을 대면하고 그에 대해 반추해 보는 것이다. 그 역사적 사건에 대해 평가하고, 옳고 그르고를 규정하면서 언어의 날을 세우는 것도 사실 반추해 보면 허탄한 일이다. 그 죽음들 앞에 우리 편과 당신 편이 갈라져 있는 것 또한 허탄한 일이다. 무수히 흘러가 버린 그 시간 속에 사라져 가버린 생명들 속에 남은 건 저 성당같이 이념의 산물로서 흔적밖에 없는데, 그에 관한 무수히 많은 비판과 옹호가 또 허탄한 일이 되고 만다. 대관절 역사가 무엇이고, 정의가 무엇이기에……. 이런 생각에 잠겨본다. 모든 것이 무섭지만, 내가 갖는 의지와 신념에 따라 반추하는 것이 더 무서워지기도 하다.

직면에 대해 자신이 없으니 비극의 현장에 가지 못하는 것이다. 하물며 그 비극의 현장에 가서 카메라를 든다는 것, 나로선 상상도 못할 일이다. 세월호 참사 5년이 지난 날이다. 아직 진도 팽목항에 가보지도 못했고, 여전히 대면할 자신이 없다.

일반화는 오류다

인도, 마하라슈뜨라, 뭄바이, 2017

숨과 태양은 같은 것이니, 숨도 뜨겁고 태양도 뜨겁기 때문이다. 사람들도 숨이 움직인다고 말하고 태양도 움직여 돌아온다고 말한다. 이 둘은 자리하고 있는 위치가 다를 뿐 근본적으로 같은 것이다.

—『찬도기야 우빠니샤드』

배 타는 시간만 반 시간 정도 걸리는 뭄바이 앞 바다 섬 엘레판타를 가려고 배를 탄다. 정원이라는 개념이 없는 듯하다. 그렇지만 인도에서 그런 건 이미 체념하지 않으면 아무것도 할 수 없다. 아무렇지도 않게 배에 오른다. 대부분의 사람들이 선실로 내려갔지만, 아직 갑판에서 선실로 내려오지 못한 사람들이 있다. 그들은 배가 출발한 후에도 대충 어중간하게 서 있다. 선실에서 그들을 향해 눈을 돌리자 무슬림 두 사람이 눈에 들어온다. 왼쪽은 무슬림 남성이고 오른쪽은 무슬림 여성인 걸 보니 아마 부부인 듯하다. 왼쪽 남자 얼굴을 보니 오른쪽 여자 얼굴이 가늠된다. 나이가 꽤 된 여성일 것이다. 굳이 부르카를 쓸 필요가 있을까?

저 나이에도 저걸 써야 하는 혹은 쓰게 만드는 전통이란 무엇일까? 이슬람이라는 종교가 얼마나 평화를 추구하는지 잘 안다. 마찬가지로 의미가 형해화되어 사라지고 형식이 기계화되어 사람을 얼마나 짓누르는지도 잘 안다. 그래서 저 부르카를 볼 때마다 대개 만감이 교차한다. 전통이라는 게 원래의 의미를 담고 있는 것이 고스란히 남아 있는 경우가 과연 있을까 싶은 생각에 씁쓸해진다.

순간, 위에서 내려오는 사내가 둘의 사이를 정확하게 갈라버린다. 그러면서 순간적으로 구도가 완벽하게 3등분 된다. 위에서 내려오면서 마땅히 서 있을 자리를 확보하지 못하는 사내가 손으로 위를 잡으면서 둘은 완전히 갈려버린다. 저 우람한 팔뚝으로 완연한 경계를 지어버린다. 그런데 자세히 보니 불쑥 개입해 남의 세계를 둘로 쪼개버린 저 사내는 힌두 남성이다. 처음에 여성의 부르카 때문에 저들의 정체성을 이슬람으로 규정해 버린 나의 판단이 저 사내의 이마에 그려진 표지로 무슬림과 힌두로 나누어진 세계로 강하고 진하게 명토 박아진다.

세계가 이런 것일까? 본질로는 전혀 갈라지지 않는 세계가 아무 의미 없는, 그것도 한시적이고 덧없는 것으로 갈라지기 일쑤다. 실제 공간에서는 갈라진 게 아님에도 사진에서는 갈라진 것처럼 나타나듯, 실제에서도 본질적으로는 갈라진 것이 아님에도 남들의 편의와 공동체의 선을 위해 갈라진 것으로 치는 폭력이 얼마나 많은가. 종교가 그렇고 민족이 그렇고 국가가 그렇다. 그러다 보니 상징물 하나가 어느 누군가의 본질을 과도하게 대표하고 그로서 비롯된 폭력이 비일비재하다. 상징은 일반화고 일반화는 폭력이다. 저 늙은 부부가 처음 내 눈에 들어올 때 부르카로 들어왔고 그것은 이내 나로 하여금 저들을 무슬림이라 규정하게 만들었고, 그 위에서 새로운 공간 침입자는 힌두로 인식하게 된다. 이마에 표지가 없더라도 나는 저이를 힌두로 표지하려 하였을 것이다. 정체화라는 무서운 일임에도, 내가 아주 싫어하는 일임에도 나는 서슴없이 그 일을 저지른다. 비록 마음속에서라도 정체성은 종교로만 이루어지는 것이 아니어야 하는데도, 적어도 인도에서 요즘은 종교로 이루어지는 게 많다. 다른 특질들이 가진 복합 정체성'들'은 많이 약화되었다. 종교 공동체로 정체성이 단일화되고 일반화되는 것은 비극의 씨앗을 잉태하는 것이다.

　안다는 것은 무엇일까? 과연 내가 안다는 것은 내 스스로가 안다는 것인가 아니면 그동안 쌓아놓은 지식이나 그와 유사한 어떤 지적 현상들이 모여 나로 하여금 안다고 만드는 것인가? 그 안에 내 스스로의 것이라고 할 수 있는 것은 어느 정도일까? 늑대는 달을 보면 어우웅 하고 울부짖는다는 것은 사실인가, 편견인가? 캄보디아 사람들은 웃는다, 과연 그런가? 부르카는 감추려는 것이다. 그것이 이슬람의 대표적 표상으로 굳어 버리면서 이슬람은 폐쇄의 이미지로 굳어 버렸다. 일반화는 오류다. 그것은 실재하지 않는 신화일 뿐이다. 인도 사람들은 어떻고, 전라도 사람들은 어떻고, 여자는 어떻고…… 무엇은 선이고 무엇은 악이고, 심지어는 사진을 어둡게 찍는 사람은 어떻고 사진을 흔들면서 찍은 사람은 어떻다는 말들마저 하곤 한다. 역사는 반복한다, 라고 하는 따위의 규정 또한 마찬가지다. A와 B의 공통점은 이러이러하다, 라고 하는 인식 또한 마찬가지다. 그런 것은 없다. 모두 일반화의 오류다. 모두 이 세상에 존재하지 않는 불완전한 인식이다. 세계는 닮았듯 다르고, 다르듯 닮아 있다.

편견이나 선입견으로부터 벗어나는 진정한 앎이란 무엇일까? 그것이 사람이든, 사물이든, 현상이든, 그것만이 갖는 독특성을 인식하는 것이 아닐까? 같은 점을 인식하여 그들을 '우리'로 삼으려는 것보다는 그 '우리'에서 벗어나 '나'라는 개체로 인식하는 것이 좀 더 사람 사는 세상에 가까운 인식 형태는 아닐까? 사람이 하늘이다, 라는 말. 이런 맥락에서 나오는 것이 아닐까 생각해 본다. 좁쌀 안에 우주가 들어 있다, 라는 말이나 우주의 본질이 한 개체의 본질과 동일하다고 하는 고대 인도의 현자들이 설파하는 우파니샤드 세계관도 이와 같은 것은 아닐까?

<u>악의 속성</u>

인도, 따밀나두, 깐찌뿌람, 2009

> 감각기관의 대상들을 생각하는 자에게는
> 그것들에 대한 집착이 생기며
> 집착으로부터 욕망이 생기고
> 욕망으로부터 분노가 생긴다.
> ―『바가와드 기따』

10년 전 사진인데, 사진을 다시 보자마자, 그때는 저런 핸드폰이 있었구나를 맨 먼저 떠올린다. 사진의 가장 우선적인 속성이 과거의 기록임을 새삼 깨닫게 된다. 하나의 기표는 기의를 만들고, 그 기의는 또 다른 기의를 만드니 사진을 보면 어떤 생각들이 무심하게 꼬리에 꼬리를 문다. 나도 저런 폰을 썼는데, 심지어는 저이같이 허리춤에 고리를 걸어 분실하지 않도록 하고 다니기도 했는데, 하는 추억이 순간적으로 스친다. 지나간 시간은 즐거운 추억이기도 하고, 그리운 추억이기도 하지만, 결국은 슬픈 추억이다. 모든 게 다 사라져 버리고 나 또한 늙어가고 있어서다. 사진을 한다는 것은 사진을 찍고 해석하고 전시하고 글과 함께 소통하는 것도 좋지만, 한 번씩 꺼내보면서 추억으로 잠겨보는 것도 필요하다. 사람이 산다는 게 그리움을 비켜나 살 수 없을 테니까.

10년 전이라지만, 저 사진을 찍을 때 그때 그 순간의 기억은 생생하다. 뭐 하는 사람인지는 모르겠지만, 뭐 좀 하는 사람이라는 건 직감적으로 느꼈다. 저 풍체하며, 저 폰 들고 전화하는 폼하며, 사원 한복판에서 목소리 높이는 거들먹거림하며, 무엇보다도 저 앞에 무슨 일인지 모르겠지만, 두려움에 떨면서 보스의 분부에 어쩔 줄 모르고 떨고 있는 저 가냘픈 사람의 존재로 인해 그리 느꼈다. 순간적으로 위에서 찍어 누르고 싶었고 포커스를 보스에 맞추고 싶었다. 마침 옆에 뭔가 작은 단이 하나 있었고 그 위에 올라가 찍어 누르듯 한 컷을 찍는다. 저이는 자신을 그렇게 찍는다는 걸 알면서도, 아니 알기 때문에 더 천연덕스럽게 거들먹거린다.

악은 사람 누구에게나 그 자체에 본질적으로 깃든 것은 아닐 것이다. 꼭 예루살렘의 아이히만의 예를 들지 않더라도, 악이란 타자와 맺는 관계에 따라 달리 나타나는 것이 아닐까 한다. 흔한 이야기지만, 물이 우유가 되고, 독이 되듯, 문제는 물에 있는 것이 아니고 소나 뱀과의 관계에 달려 있는 것일 것이다. 독이라는 것이 그것을 잘못 먹었을 때만 우리에게 해를 끼칠 뿐, 그 존재 자체로 독인 것은 아니듯, 악이란 것도 어떤 상황이 만들어질 때 나타나는 것이 아닐까. 그러니 우리가 할 일은 악이 행사하지 못하도록 적절하게 상황을 만들어가는 것이다. 그렇지만 그렇다고 악 자체가 완전히 제거되지는 않을 것이다. 상황을 통제하는 것은 다만, 최소화시키는 것일 뿐. 곰팡이란 축축한 상황을 기다리고 있을 테고, 공기 중에 물기가 사라지지 않는 한 그 곰팡이가 다시 피어날 조건이 또 온다는 것은 상수인지라, 악을 완전히 제거할 수는 없다. 선이 악이 되고, 악이 선이 되는, 결국 세계는 상대적으로 움직이는 것이다.

사진으로 할 수 있는 것은 정보나 지식을 얻는 것이거나 찍거나 찍혀 나타난 사진으로 사유하거나 기록하거나 기억하는 일이다. 그것은 감각적이어서 감성을 자극하여 실제 사회에서 운동력을 추동할 수단으로 적절하다. 돈, 명예, 쾌락을 위한 수단으로 사용되지 않는 사진 하기, 사진을 통해 사람과 자연에 대해 앎과 예술을 추구하는 욕망이나 어떤 쾌락을 얻는다면 그것은 선이 된다고 믿는다. 개인적인 명예욕을 위한 것은 해롭고, 대의나 공동체를 위한 것은 유용한 선이 된다고 믿는다. 개인의 성취를 더 큰 욕망의 수단으로 삼는 것, 그것은 바람직하지 못하다고 믿는다. 상을 받기 위한 사진, 명예를 얻기 위한 사진보다는 공감을 꾀하는 사진, 사진 찍는 행위를 통해 나 안의 나를 돌아보고, 주변과 소통하는 행위로서의 사진이 사람 사는 세계에서의 일이리라고 믿는다.

  사진을 통해 지혜를 얻어내기란 어렵다. 시를 쓰거나 음악을 하는 것과는 다르다. 그 이유는 사진은 엄연히 존재하는 대상을 자신의 뜻대로 전유해 버리는 성격이 너무 강하기 때문일 것이다. 사진가도 일방적이고, 독자도 일방적이다. 저 두 사람을 보고 악의 속성까지 언급하면서 사유해 본 것은 매우 사진적인 사유다. 그렇지만 그것은 전적으로 나의 의식이 과잉되면서 나타난 현상일 수도 있다. 사진이 위험한 것은 읽는 사람에게 해석의 권한이 한도 끝도 없이 주어지는데, 그것을 제어할 방법이 없다는 데에도 있다. 그렇지만, 그것이 사진의 가장 큰 매력이기도 한데, 그로 인해 타인에게 해를 끼칠 수 있는 여지가 많이 생긴다는 것이 '나'를 거칠게 만든다. 사진, 개인의 수양 없이 쓰기에는 멋지지만 위험해서, 치명적인 매혹이다.

나는 본다, 사진이 나를 자유케 하는 것들

1판 1쇄 발행 2019년 11월 25일

지은이 | 이광수
펴낸이 | 조영남
펴낸곳 | 알렙

출판등록 | 2009년 11월 19일 제313-2010-132호
주소 | 경기도 고양시 일산서구 중앙로1455 대우시티프라자715
전자우편 | alephbook@naver.com
전화 | 031-913-2018
팩스 | 031-913-2019

ISBN 979-11-89333-20-1 03660

* 책값은 뒤표지에 있습니다.
* 잘못된 책은 바꾸어 드립니다.